WITHDRAWN
HARVARD LIBRARY
WITHDRAWN

Geschichtsgedanke und Christusfrage

Zur Christusanschauung Kants und deren Fortbildung durch Hegel

Horst Renz

19

»Neunzehntes Jahrhundert«
Forschungsunternehmen
der Fritz Thyssen Stiftung

Vandenhoeck & Ruprecht

Horst Renz
Geschichtsgedanke und Christusfrage

Studien zur Theologie und Geistesgeschichte
des Neunzehnten Jahrhunderts

Band 29

Forschungsunternehmen „Neunzehntes Jahrhundert"
der Fritz Thyssen Stiftung

HORST RENZ

Geschichtsgedanke und Christusfrage

Zur Christusanschauung Kants und deren Fortbildung
durch Hegel im Hinblick auf die allgemeine Funktion
neuzeitlicher Theologie

GÖTTINGEN · VANDENHOECK & RUPRECHT · 1977

CIP-Kurztitelaufnahme der Deutschen Bibliothek

Renz, Horst
Geschichtsgedanke und Christusfrage : zur Christusanschauung Kants u. deren Fortbildung durch Hegel im Hinblick auf d. allg. Funktion neuzeitl. Theologie. – 1. Aufl. – Göttingen : Vandenhoeck & Ruprecht, 1977.
(Studien zur Theologie und Geistesgeschichte des neunzehnten Jahrhunderts ; Bd. 29)
ISBN 3-525-87484-7

Vandenhoeck & Ruprecht, Göttingen 1977. – Printed in Germany. Ohne ausdrückliche Genehmigung des Verlages ist es nicht gestattet, das Buch oder Teile daraus auf foto- oder akustomechanischem Wege zu vervielfältigen. Gesamtherstellung: Hubert & Co., Göttingen.

Vorwort

Wer die Christusgestalt begreifen, d. h. zum Leben bringen will, der hat alle Wirklichkeit aufzubieten. Und so geschieht das scheinbar Widerspruchsvolle, daß sich diese Gestalt entgrenzt, sobald man ihr bestimmend, konkretisierend naht: Weil sie das Leben überhaupt ist, reicht das unendliche Wirklichkeitsgeschehen insgesamt soeben aus, das eine Leben „konkret" zu machen.

Beginnend mit der Religionsschrift von Immanuel Kant sind die Nötigungen des Entgrenzens und des besagten Konkretmachens in der Folgezeit immer deutlicher hervorgetreten. Beide Momente führen auf die umfassende Gegenwartswirklichkeit zu.

Der Entschluß zu dieser Untersuchung reifte in der Sozietät von Herrn Prof. D. Dr. Wolfgang Trillhaas. Seine Gabe des „Sehens" ist unvergeßlich und sein behutsamer Umgang mit Lebensphänomenen eine bleibende Mahnung. Er hat ermutigt und das Unterfangen gütig begleitet. Ich schulde ihm Dank.

Zu danken habe ich auch Herrn Prof. D. Emanuel Hirsch (†). Er hat mir die Gelegenheit zu zahllosen Gesprächen gegeben und mich vielfältig belehrt und erweitert. Ich habe ihn in seinem Abseits und in der Art, in der er es meisterte, verehren gelernt.

Als Assistent bei Herrn Prof. Dr. Dr. Dietrich Rössler in Tübingen und dann bei Herrn Prof. Dr. Trutz Rendtorff in München empfing ich nachhaltige Eindrücke, nicht zuletzt in der Erfahrung des sorgsamen Umgangs mit Individuellem. Dem geduldigen Führen beider, insbesondere aber dem von Herrn Rendtorff, ist zu danken, daß die Arbeit einen Abschluß fand.

Herr Prof. Dr. Hans-Walter Schütte und Herr Dr. Dieter Henke haben in Freundschaft zur Seite gestanden.

Die Hilfe der Nächststehenden bleibt stets am unauffälligsten, ist mir in ihrer Selbstverständlichkeit jedoch beschämend vor Augen.

Der Evangelisch-Theologische Fachbereich der Ludwig-Maximilians-Universität München hat die Schrift im Sommer 1975 als Dissertation angenommen. Ihm, wie insbesondere den Herren Professoren Dr. Trutz Rendtorff und Dr. Wolfhart Pannenberg DD., welche die Gutachten erstellt haben, gilt mein herzlicher Dank.

Der Studienstiftung des Deutschen Volkes danke ich für ein Doktorandenstipendium, der Fritz Thyssen Stiftung für die Aufnahme in diese Reihe und die Finanzierung des Drucks, dem Verlag Vandenhoeck und Ruprecht für dessen sorgfältige Durchführung.

München, am 24. Januar 1977 Horst Renz

Inhalt

Vorwort 5

Einleitung 9

I. Die hervorragende Stellung der Religionsschrift in Kants Werk 11

   A. Probleme der Hegelforschung und ihre mögliche Lösung 11
   B. Die kritische Bewertung der Religionsschrift und ihre Gründe 14
      1. Die Funktionalität der Kritik 15
      2. Aporetische Züge der Interpretation als Hinweis auf eine verborgene Dimension der Schrift 17
   C. Religion als Theorie der Wirklichkeit 21
      1. Die ursprüngliche Realität der produktiven Vernunft 24
      2. Der Übergang von der Moral zur Religion als die theoretische Entfaltung von Wirklichkeit 29

II. Christologie als Theorie realer Freiheit 31

   A. Die Bedeutung der Christus-Vorstellung für das allgemeine Problem von Realität 31
   B. Die Einheit von Denken und Wirklichkeit in den Vorstellungen der Religionsschrift 36
      1. Kants Bezugnahme auf Galilei 38
      2. Das Bilden neuer Wirklichkeit im Entgrenzen von religiösen Vorstellungen 43
   C. Die entgrenzte Christusanschauung Kants 45
      1. Die Entfaltung der allgemeinen Weltwirklichkeit als Objektivierung der christologischen Freiheitsrealität 48
      2. Die Gleichartigkeit von Geschichte und Christusanschauung 52

III. Geschichte als realisierte Christusvorstellung 55

   A. Hegels unmittelbares Anknüpfen an den Hauptertrag der Religionsschrift und die Richtung seines Fortbildens 55
   B. Die historische Konkretisierung des Freiheitsgeschehens und die Einsicht in ihre Unabschließbarkeit 59
      1. Die zweifache Darstellung von Freiheit im geschichtlichen Vorstellen 62
      2. Die Veranschaulichung von Leben im Bild der Geschichte 66

C. Die Entgrenzung von Geschichte durch Hegel und ihr Partikularwerden im System 75
  1. Das wirkliche Leben im Bewegungsgeschehen der Phänomenologie und die indirekte Darstellung seiner Ganzheit 77
  2. Die unausdrückliche Einheit der Hegelschen Philosophie im Verhältnis zu ihren Teilen 83

IV. Die Theologie als integrierender Bestandteil des allgemeinen Wirklichkeitsgeschehens 86

Literaturverzeichnis 89

Einleitung

Die nicht abreißende und sich immer wieder erneuernde Zuwendung zur Philosophie des deutschen Idealismus stellt einen gegenwärtigen Tatbestand dar, der selbst der Deutung fähig und bedürftig ist. Auch wenn sich alle Untersuchungen zu rechtfertigen pflegen mit der Entdeckung neuer *historischer* Details und Beobachtungen, ist offenbar, daß sie im Interesse der Gegenwart und nicht um der „bloß" historischen Klärungen willen erfolgen. Nicht von ungefähr gipfeln sie regelmäßig in der Behauptung von der „bleibenden" Wichtigkeit bestimmter damals gewonnenen Erträge und Einsichten.

Die vorliegende Untersuchung, die sich zwar ebenfalls einer eigenen historischen These bedient, rechtfertigt sich jedoch nicht über den Nachweis „dauerhafter" Geltungen, vielmehr erfolgt sie im Bewußtsein, daß die Gegenwart ihre Selbstauslegung durchaus autonom leisten will und leistet. Und entsprechend wird hier der historische Stoff ausdrücklich an seinem vergangenen geschichtlichen Ort belassen.

Ihr Interesse ist ein explizit systematisches: Sie sucht Antwort auf die Frage nach den Gründen für die Hervorhebung gerade der idealistischen Systeme in heutiger Theologie und Philosophie. Indem sie um Aufdeckung von oft vermißter Kontinuität in der neueren Geistesgeschichte bemüht ist, sieht sie gerade in dieser sich immerfort erneuernden Hinwendung zum Idealismus selbst jenen Einheitswillen am Werke, welcher geeignet erscheint, die scheinbar diffusen Strebungen der Moderne als eine zusammenhängende, zielgerichtete große Anstrengung verständlich zu machen. Sie hat dabei besonders die Funktion der Theologie im Auge und will einen systematischen Beitrag zum Theologie-Begriff leisten.

Daß die Theologie im Thema des Verhältnisses von Offenbarung und Geschichte eines ihrer zentralen Gebiete sieht, dürfte unbestritten sein. Nicht von ungefähr kreist die systematische Arbeit des 19. und 20. Jahrhunderts deutlich um die Jesusfrage, und ebenfalls nicht zufällig dürfte die christologische Konzentration im 20. Jahrhundert sein. Solange nicht nach dem Ausdruckswert dieser Thematik gefragt ist, bleibt unklar, wie die Theologie mit der allgemeinen Geschichtsbewegung und dem geistigen Leben zusammenhängt. Ihre immanente Anstrengung enthüllt sich dann nur selten als beziehungsreich und verbindlich, bleibt vielmehr unverstanden und esoterisch.

Die Zusammenschau dieser Thematik mit der Gesamtentwicklung der Moderne ist also das andere Ziel dieser Arbeit. Es erreichen heißt aber, einsichtig machen können, daß Theologie gerade im scheinbaren Festhalten an ihren vermeintlich so wirklichkeitsfernen Themen einen unersetzlichen Beitrag leistet zur Selbstverständigung der Gegenwart. Die Stoffwahl hat ihren Grund in der These, daß gerade in den Bemühungen von Kant und Hegel eine Transparenz erreicht ist, welche es erst erlaubt, die gestellten Probleme so zu erkennen und zu prüfen.

Es wird sich zeigen, daß der *Denkweg* von Kant zu Hegel *Modell*charakter besitzt, nicht nur im Blick auf den Zusammenhang zwischen dem Jesus-Problem und dem von Geschichte, sondern daß er als theoretischer Vorgriff auf den Gang der neueren Geistesgeschichte überhaupt erachtet werden kann. In ihm läßt sich die Einheit der neueren Geistesgeschichte exemplarisch begreifen und gewinnen.

Daß der Theologie – auch dort wo sie sich absetzt von diesen Auslegungen – gerade von der idealistischen Philosophie eine neue Funktion zugewiesen ist, in die sie sehr wohl auch eintrat, läßt sich dann kaum noch übersehen.

Sollten sich aus den Darlegungen Konsequenzen für die Kant- und insbesondere die Hegelauslegung ergeben, so mögen dies Nebenergebnisse sein, welche nicht unmittelbar das primäre Ziel der Arbeit darstellten.

I. Die hervorragende Stellung der Religionsschrift in Kants Werk

A. Probleme der Hegelforschung und ihre mögliche Lösung

„Der Einfluß von Kants Religionslehre, der jetzt freilich noch still ist, wird erst mit der Zeit ans Tageslicht kommen."

Diese Vorhersage des vierundzwanzigjährigen Hegel, unter dem frischen Eindruck der Lektüre an Schelling geschrieben[1], hat noch keine eigentliche Überprüfung gefunden. Auch dann, wenn man sie mit der Behutsamkeit behandelt, die briefliche Gelegenheitsäußerungen erfordern, und nicht gleich zum gewichtigen Schlüsselwort für das Verständnis der ferneren Geistesgeschichte macht, verdient sie in doppelter Hinsicht Beachtung.

Einmal beleuchtet das Wort auf interessante Weise den Tatbestand, daß Hegels eigene Schriftstellerei mit dem Religionsthema einsetzte und dauerhaft mit demselben befaßt blieb. Da sich die Bekanntschaft mit den „Kritiken" bei den Tübinger Freunden voraussetzen läßt[2], muß gefragt werden, ob nicht der Eindruck der Religionsschrift an Stärke denjenigen übertraf, den Hegel durch die „Kritiken" empfangen hatte[3].

Zum anderen aber erhebt sich die Frage, ob die hohe Einschätzung der Religionsschrift auf Motive und Elemente der Schrift selbst zurückgeführt werden kann, welche das Buch deutlich vom sogenannten „Hauptwerk" im Sinne von überbietender Fortbildung abheben.

Die hier zunächst lose aus einer beiläufigen Bemerkung Hegels entwickelten Fragen hängen eng miteinander zusammen. Sie zielen auf Klärung einiger Schwierigkeiten in der Gesamtauffassung von Hegels Philosophie. Gelingt nämlich über die Neubewertung der Religionsschrift Kants der Nachweis ihres bleibenden Eindrucks auf Hegel, dann gewinnt, wie zu zeigen sein wird, dessen Weg von den „Jugendschriften" zum sogenannten „System" sowohl nach der biographischen wie nach der thematischen Seite innere Einheit. Entbehrlich würde die wenig befriedigende

---

[1] Brief vom 24.12.1794 (Briefe I, 1952, S. 12). Im gleichen Jahr war bereits die 2. Auflage der „Religion innerhalb der Grenzen der bloßen Vernunft" (= Religionsschrift; abgekürzt: RS) nötig geworden.
[2] Vgl. z. B. W. Dilthey: Die Jugendgeschichte Hegels, in: Gesammelte Schriften IV, Göttingen 1974⁵, S. 1ff und J. W. Schmidt-Japing: Die Bedeutung der Person Jesu, Göttingen 1924, S. 6.
[3] Gerade wenn Diltheys Auffassung (a.a.O.) zutrifft, daß Kant den Stiftlern nur als „Aufklärer", nicht als der „kritische Idealist" bedeutsam war, ist es näherliegend, das sich wandelnde Kantverständnis Hegels als Folge seiner Beschäftigung mit der RS zu nehmen, als hierfür auf eine spätere Lektüre der Kritiken zu rekurrieren (a.a.O., S. 13).

Annahme einer Art von Umbruch in seiner Entwicklung[4]; und auch der Streit um eine „linke" oder „rechte" Gesamtinterpretation[5] könnte seiner Auflösung nähergebracht werden. Hegels Weg und Werk ließen sich lesen als die in sich geschlossene und konsequente Fortbildung einer sich der Religionsschrift verdankenden Thematik[6].

Gemeingut aller Interpretationen[7], die versuchen, unter Einbeziehung der 1907 erstmals veröffentlichten „Theologischen Jugendschriften" das Werden von Hegels Philosophie nachzuzeichnen, ist die These der Abhängigkeit gerade der ersten Schriften Hegels von Kants „Die Religion innerhalb der Grenzen der bloßen Vernunft". Aber diese Abhängigkeit, und auch hierin herrscht Einmütigkeit des Urteils, wird gezeichnet als eine solche, von der sich Hegel um seines Eigenstands willen „loszuringen" hatte: Vor allem die Befreiung vom eigenen frühen „Kantianismus" soll der Weg zum System und zur Überbietung jenes bloßen, rationalistischen „Moralismus" gewesen sein.

Diese gängige Auffassung, welche die prinzipielle Überlegenheit der Hegelschen Philosophie über alle Vorgestalten selbstverständlich voraussetzt[8], verstrickt sich nun freilich in eigentümliche Schwierigkeiten, ja Widersprüche. Und sie sind es, die eine Untersuchung in der hier vorgeschlagenen Richtung nahelegen.

Das Resultat aller Bemühungen um die „Jugendschriften" ist, ein wenig zugespitzt formuliert, die Zerstörung ihrer Einheit im großen und die Zergliederung der „Fragmente" im einzelnen. Nach dem Muster „noch kantianisch – schon eigenständig und vorausweisend" werden sie in einander entgegenstehende Elemente zerlegt und die Partikel wertend gesichtet[9].

---

4 Dilthey, dessen Verdienst um den Aufweis von Hegels Synthetisierung der verschiedenen Zeitelemente im übrigen nicht geschmälert werden kann, unterstellt z. B. für den Weg zum System ein „metaphysisches Erlebnis", eine Wendung zum Pantheismus (a.a.O., S. 139). Überhaupt rätselt die Forschung an „Wandlungen" in Hegels Denken während der Zeit seines Übergangs von Frankfurt nach Jena (vgl. z. B. E. Hirsch: Die idealistische Philosophie und das Christentum, Gütersloh 1926, S. 117ff). Neuerdings hat D. Henrich (Hegel im Kontext, Frankfurt 1971) eine subtile Untersuchung zu Hegels Werdegang vorgelegt, in der eine mehrfache „Umwendung" angenommen ist (vom „Kantianismus", der bald „religionslos geworden war" (S. 61), zu Hölderlin und dann „Abstoß von ihm" (S. 11, 63, 69). Im übrigen weist aber Henrich auch auf die Kontinuität von „frühesten Motiven" bis zum „reifen System" hin (S. 71).
5 Eine knappe Darstellung des Streites gibt G. Rohrmoser, Subjektivität und Verdinglichung, Gütersloh 1961, S. 15–20.
6 Daß hier nicht an eine im üblichen Verstand „theologische" Deutung gedacht ist, wie sie etwa auch Rohrmoser unternimmt, wird die Analyse der RS zeigen. Als einfache Parteinahme würde sie den Streit jedenfalls nicht aufzulösen vermögen.
7 Zu nennen sind hier vor allem Dilthey, Schmidt-Japing, Löwith, Lukács, Rohrmoser, Henrich.
8 Der Meinung Henrichs (a.a.O., S. 10f), daß „seit langem klar ist, daß wir den Weg von Kant zu Hegel nicht nach dem Modell eines Aufgangs vorstellen dürfen, in dem Stufe auf Stufe zur *höheren* (sinngemäße Hervorhebung d. Vfs.) Einsicht führt", gebührt Aufmerksamkeit.
9 Z. B. gelten die im „Der Geist des Christentums und sein Schicksal" (in: Hegels theologische Jugendschriften, hrsg. von H. Nohl, Tübingen 1907 – abgekürzt: JS – S. 241ff) zusammengeordneten Fragmente als die am wenigsten „kantianisch" geprägte Schrift.

Das Auffinden der „Jugendschriften" zu einem *späten* Zeitpunkt, als über den Rang von Hegels Philosophie längst entschieden war, hat dazu geführt, daß alle Äußerungen der Frühphase, die nicht gleich in Beziehung zum Bekannten gesetzt zu werden vermochten, für im Grunde „unhegelisch" erklärt wurden[10]. Und so vollzieht sich der Prozeß der sich steigernden Aufwertung der „Jugendschriften"[11], die längst eine Schlüsselrolle für das Verständnis des Gesamtwerks einnehmen, gerade unter Eliminierung *der* Gedanken und Formeln, die sie der Religionsschrift verdanken.

Befriedigen können diese Operationen nicht.

In *methodischer* Hinsicht haftet ihnen die Schwäche an, daß sie nur über den Ausschluß bestimmender Bestandteile zum gewünschten Ziele führen.

Entscheidender aber ist, daß ihre *sachlichen* Konsequenzen problematisch bleiben.

Sie führen *einmal* den auffallenden Widerspruch bei sich, daß ausgerechnet die deutlich von der Religionsschrift abhängigen „Jugendschriften" ein hohes Maß an Originalität besitzen sollen, das sie zum Schlüssel für das spätere Werk machen kann. Die unterstellte Differenz zwischen Abhängigkeit und bedeutendem Eigenstand ist so erheblich, daß sie zwingend auf die Frage lenken muß, ob sich die Eigenständigkeit Hegels nicht gerade *aus* der Abhängigkeit und nicht *gegen* sie erklärt.

Die Absonderung von Einflüssen der Religionsschrift hat *ferner* zur Folge, daß Hegel ausschließlich entweder seiner ursprünglichen Genialität, oder diversen anderen Einflüssen anheimgegeben werden muß[12]. In beiden Fällen ist die geschichtliche Kontinuität der geistigen Entwicklung jener Jahre und die in sie eingebettete Gesamtwirkung Hegels nicht schlüssig festzuhalten und zu erhellen[13].

---

10 Ein charakteristisches Beispiel für dieses Vorgehen und die ihm eignende Widersprüchlichkeit bietet Schmidt-Japing: Genötigt, für die Abwendung von Kant einen Grund zu nennen, konstruiert er für Hegel eine ursprüngliche „latente Gegnerschaft gegen die Aufklärung und gegen Kant" (a.a.O., S. 14) und muß dann im Blick auf das „Leben Jesu" von 1795 eingestehen, daß es „sehr verwunderlich" sei, ihn plötzlich wieder „durchaus als Aufklärer und Schüler der Kantischen Religionsschrift" zu entdecken (a.a.O.), was er nur mit „praktisch-polemischen Gesichtspunkten" zu erklären weiß. – Das Dilemma liegt exemplarisch vor Augen: Eine unter Ausschaltung von konstitutiven Teilen und Gedanken der „Jugendschriften" konstruierte Eigenständigkeit Hegels läßt sich am Stoff selbst nicht durchhalten. Dieser gebietet, Hegels eigenstes Wesen gerade unter Einschluß und voller Würdigung seiner Kantabhängigkeit zu bestimmen.
11 Vgl. das Urteil Rohrmosers, a.a.O., S. 21.
12 Natürlich läßt sich die Beeinflussung Hegels durch die verschiedensten Geister und Strömungen in keiner Weise bestreiten, im Gegenteil. Hier soll nur aufgewiesen sein, daß die „Befreiung" Hegels von dem über die Religionsschrift vermittelten „Kantianismus" ihn in das Licht einer gewissen geschichtslosen Unableitbarkeit taucht, und daß durch Wegnahme eines bestimmenden historischen datums allererst das Feld für beliebige Kombinationen eröffnet wird.
13 Nicht von ungefähr wird um dieser Kontinuität willen bei allen entsprechenden Interpretationen die These einer späteren erneuten und dann positiveren Zuwendung zu Kant nötig (z. B. Dilthey, a.a.O., S. 13). Kontinuität meint hier nicht jenen oben schon problematisierten Schematismus „Von Kant zu Hegel" um seiner selbst willen, sondern die logisch geforderte Annahme einer kontinuierlichen, geschichtlich möglichst lückenlosen

Schließlich hat sich an den „Jugendschriften" auch der Auslegungsstreit zwischen Links- und Rechtshegelianern erneuert. Insofern haben sie — entgegen den bei Erscheinen an sie geknüpften Erwartungen — die Klarheit und Einigung über die Grundtendenz von Hegels Philosophie nicht befördert, sondern erschwert. Und es ist keineswegs abwegig zu vermuten, daß insbesondere die geschilderte Zerteilung der „Jugendschriften" ihren verdunkelnden Schatten auch auf die Interpretation des Gesamtwerkes wirft. Denn schließlich spielt das Religionsthema für die Auseinandersetzung die entscheidende Rolle. Und ohne schwere negative Folgen läßt sich die intensive Berührung Hegels mit der Religionsschrift Kants nicht eliminieren. Wie sich zeigen soll, besteht aber umgekehrt, bei einer umfassenden Würdigung der Religionsschrift und des Zusammenklangs der Anliegen Hegels mit dem Grundgehalt dieser Schrift Aussicht auf eine gleichzeitige Auflösung der genannten Schwierigkeiten.

B. Die kritische Bewertung der Religionsschrift und ihre Gründe

Der Einfluß von Kants Religionsschrift auf die Entwicklung der deutschen idealistischen Philosophie und damit auf den Gang des neuzeitlichen Denkens überhaupt wird im allgemeinen für gering gehalten[14], ebenso wie das Buch selbst durchwegs kritisch-einschränkende Charakterisierung erfährt[15].

Diese Einschätzung steht in eigentümlicher Spannung zu der gleichzeitig zu beobachtenden Faszination, welche von dem Werk seinerzeit ausgegangen ist[16] und noch immer auszugehen vermag, und die anscheinend vor allem darauf beruht, daß hier eine zusammenhängende, in sich schlüssige Auslegung der traditionellen christ-

---

Problemgestaltung, deren Elemente als sachlich zwingend auseinander hervorgehend gedacht werden können.

14 R. Kroner (Von Kant bis Hegel, Tübingen 1961²) begründet z. B. die „flüchtige" Behandlung der Religionsschrift in seinem umfassenden Werk damit, daß „die darin ausgesprochenen Gedanken keine nachhaltige Wirkung ausgeübt und die Entwicklung des deutschen Idealismus wenig beeinflußt" hätten (S. 216). Und er fügt später hinzu, daß überhaupt „für die Problementwicklung die Religionsphilosophie nicht von ausschlaggebender Bedeutung" sei (S. 223).

15 A. Schweitzer (Die Religionsphilosophie Kants, Freiburg 1899) bewertet die religionsphilosophischen Gedanken der „Kritik der Urteilskraft" höher als die der RS; E. Troeltsch spricht von einer „Kompromißschrift" (Das Historische in Kants Religionsphilosophie, 1904, S. 42 u. ö.); H. Noack (PhB 45, S. LII) möchte das Werk „nicht den übrigen kritischen Hauptwerken als gleichwertige und ebenbürtige Arbeit an die Seite stellen". Und er „warnt" sogar davor, die RS für die für Kants Religionsphilosophie maßgebende Schrift zu halten!

16 Es sei nur verwiesen auf die (übrigens auch von Kroner, a.a.O., S. 223, genannten, doch bezeichnenderweise sofort heruntergespielten) Zusammenhänge zwischen der RS und den literarischen Anfängen Fichtes, Schellings, Hegels und Schleiermachers. — Neben den literarisch faßbaren Wirkungen ist es historisch schwierig, die allgemeine Resonanz auf die RS zu ermitteln, doch lassen die Auseinandersetzung Kants mit der Zensurbehörde, die rasche Neuauflage und die sofort einsetzende theologische Streitliteratur an ein starkes Aufsehen denken.

lichen Dogmatik gegeben ist, die jedes einzelne Lehrstück „sinnvoll" und einsichtig zu erklären vermag, ohne daß auch nur einmal, wie dem Leser sonst vertraut, auf die Autorität einer nicht weiter ableitbaren „Offenbarung" verwiesen werden müßte.

Ob sich die Wirkung der Religionsschrift in der skizzierten unmittelbaren *Erfahrung* erschöpft, oder ob sie darüber hinaus nicht mehr noch im Bereich des *Theoretischen* zu suchen ist, mag zunächst unentschieden bleiben. Aber das bezeichnete Mißverhältnis zwischen einer offenbar durchschlagenden Wirkung und der kritischen Gesamtbewertung, welche der Schrift in der Forschung zuteil wird, nötigt zur Überprüfung der vorgebrachten Einwände und der abwertenden Qualifikationen [17].

1. Die Funktionalität der Kritik

Kants Philosophie ist heute kaum anders denn über die Stilisierungen ihrer Fortbildner zugänglich. Die großen Linien ihrer Bewertung liegen fest.

Wenn die Religionsschrift als bloßer Anwendungsfall der „Kritiken", als „Beispiel für eine kritisch-philosophische Auslegung"[18] und als nur „an die Moral angehängt"[19] erscheint, so folgen diese Urteile der Grundfigur, daß Kants *eigentliche* Leistung die Vernunftkritik gewesen sei. *Diese* symbolisiert eine Wende, gilt als Durchbruch und vor allem als ein Anfang.

Wenn sich auch Kant selbst hinsichtlich der Metaphysik in der Rolle eines Kopernikus wußte, so hat sich ihm sein gesamtes Werk dennoch zur Einheit zusammengeschlossen, in welcher die Frage „Was darf ich hoffen?" ebenbürtig neben die beiden anderen „Was kann ich wissen?" und „Was soll ich tun?" zu stehen kommt[20].

---

17 Der gesamte folgende Versuch, der Religionsschrift einen bisher übersehenen Gehalt abzugewinnen, sie also sowohl im Werk Kants wie hinsichtlich ihrer Nachgeschichte zu profilieren und aufzuwerten, läßt sich arbeitshypothetisch auf die Auskunft Kants in der Vorrede zur 2. Auflage der RS ein, wo es heißt: „es bedarf, um diese Schrift ihrem wesentlichen Inhalte nach zu verstehen, nur der gemeinen Moral, ohne sich auf die Kritik der praktischen Vernunft, noch weniger aber der theoretischen einzulassen" (S. 15). Diese Bemerkung, die natürlich keinerlei inhaltliche Entgegensetzung der RS zu den „Kritiken" ergibt, rückt beide Werk-Gruppen dennoch deutlich voneinander ab. Und da Kant selbst die RS für die Lösung seines „dritten Hauptanliegens (Was darf ich hoffen?)" gehalten hat (vgl. Brief an Stäudlin vom 4. Mai 1793, wiedergegeben bei Noack, a.a.O., S. XLVI), entsteht der nicht abzuweisende Eindruck, daß Kant sich bewußt gewesen sein muß, mit der Schrift ein eigenständiges Gebiet betreten zu haben. Ob es sich dabei lediglich um die „Anwendung" seiner vernunftkritischen Einsichten auf einen zufälligen Stoff oder vielmehr um den Zugewinn einer eigentlich *neuen Dimension* handelt, in die seine Philosophie übertritt, ist nur zu entscheiden durch eingehende Würdigung aller Eigentümlichkeiten der Religionsschrift. Daß es sich dabei besonders um das Aufspüren von *mehr verborgenen Zügen* und Merkmalen handeln muß, ist gerade deshalb wahrscheinlich, weil das forschungsübliche Fortgehen am Wortlaut das Rätsel der Wirkungsgeschichte nicht zu lösen vermocht hat.
18 Noack, a.a.O., S. LIII.
19 A.a.O., S. XXXVII.
20 Vgl. den zitierten Brief an Stäudlin (s. Anm. 17).

Wenn man bedenkt, daß es sich bei der Religionsthematik um das gleichsam „konkreteste", das der empirisch-geschichtlichen Sphäre am meisten zugewandte Gebiet handelt, dann ist deutlich, daß die vorgebrachte Kritik zusammenhängt mit dem Problem von Anwendung und Durchführung der kritischen Philosophie *überhaupt:* Bei gleichzeitig voller Anerkennung von Kants Leistung für das Heraufführen eines speziell neuen Standpunktes der Weltbetrachtung werden die von ihm selbst vollzogenen *Anwendungen* mit Prädikaten des Nichtgenügens belegt. Sei es, daß der Theologe das Zurückbleiben der von Kant gegebenen Deduktionen christlicher Lehre hinter deren eigentlichem Gehalt hervorhebt[21], oder sei es, daß der Philosoph die Religionsschrift als überhaupt hinter dem kritischen Hauptwerk zurückbleibend einstuft[22], — beidemale folgt die Kritik dem gleichen[23] Muster: Aus dem Bewußtsein eigener Überlegenheit entspringt ein *Modell,* nach dem Kants Philosophie insgesamt in die Momente „Theorie" (die Kritiken) und deren unzureichende „Praxis" (Religionslehre) auseinandertritt.

Dieses Modell ist zum wesentlichen Bestandteil der *Selbstauslegung* allen nachkantischen Denkens geworden. Es erlaubt, dieses Denken selbst als die eigentliche Durchführung, als „Praxis" der kritischen Philosophie zu begreifen.

Die Kritik an der Religionsschrift erweist sich somit überwiegend als durch das Interesse bedingt, Kant ausschließlich in der Rolle des bloßen „Theoretikers" festzuhalten und seine Philosophie als den *Anfang* einer Entwicklung zu verstehen, deren wahre Einlösung allein ihre umfassende Nachgeschichte an sich selbst darstellen kann.

Wenn die Religionsschrift gleichwohl in das Licht gerät, „Anwendung" zu sein, so ist dieser Modifikation von Kants eigener Auffassung[24] positiv zu entnehmen, daß eben Durchführungsaufgabe und -bewußtsein zu bestimmenden Elementen des nachkantischen Denkens geworden sind, und daß diese sich offenbar gerade an der Religionsschrift zu veranschaulichen vermocht haben.

---

21 Vgl. z. B. die Darstellung Kants von K. Barth, Die protestantische Theologie im 19. Jahrhundert, Zürich 1947, S. 237ff.
22 Z. B. Noack: „Durch dieses Vorhaben, am Beispiel der vorgegebenen christlichen Dogmatik darzutun, wie sich aus einem System gegebener Glaubenssätze durch deren kritisch-philosophische Auslegung ein Inbegriff von Grundwahrheiten reiner Vernunftreligion gewinnen läßt, wurde aber auch die „kritische Methode" selbst nicht unwesentlich zugunsten eines mehr dogmatischen Verfahrens *zurückgedrängt* und dem Sinn der allgemeinen „aufklärerischen" Religionskritik angenähert" (a.a.O., S. LII).
23 *Wie* sich der Zusammenhang des vom Theologen vertretenen Überlegenheitsanspruchs christlicher Lehre mit dem aus der Epochenwende hervorgegangenen Überlegenheitsbewußtsein der Moderne verbindet, wird noch zu erörtern sein. Jedenfalls deutet gerade ein Wort wie das von K. Barth, daß „sich in Kant und in seinem Werk das 18. Jahrhundert nur selber in seinen Grenzen gesehen" habe, und daß bei ihm „keine Eröffnung einer neuen Dimension" stattfinde (a.a.O., S. 237), ein Überlegenheitsgefühl an, das sich nur bei Annahme eines solchen Zusammenhangs erklären läßt.
24 Auch die RS ist nach Kants Meinung ein Teil der „Bearbeitung des Feldes der *reinen* Philosophie", vgl. Noack, a.a.O., S. XLVI (Brief an Stäudlin).

Insofern besitzt die Kritik einen eigentümlich ambivalenten Charakter: Während sie einerseits das Buch mit abwertenden Urteilen belegt, stellt sie andererseits die Nachgeschichte kantischen Denkens als die umfassende Erfüllung der in der Religionsschrift mißlungenen, weil im Grunde nur gestellten, Anwendungsaufgabe dar. Damit ist aber ein Zusammenhang zwischen der späteren „Durchführung" und der Schrift gestiftet, der über den Rahmen nur formaler Verbindung hinaus auf die Sach-Entsprechungen selbst verweist. Eine als konstitutives Moment späterer Selbstauslegung fungierende Kritik enthüllt indirekt gerade durch alle Abwertungen hindurch, daß sie die Folgezeit als Entfaltung der in der Religionsschrift vorgefundenen Thematik zu erkennen vermag.

Die Kritik, welche die Religionsschrift zum mißlungenen Anwendungsfall der kritischen Philosophie stilisiert, und die gleichzeitig von einer gelingenden Verwirklichung derselben ausgeht[25], steht diesseits der ja allgemein im Sinne von „Überbietung" verstandenen idealistischen Systeme. Der gewissermaßen nach dem Schema von „Verheißung und Erfüllung" verfahrende Vergleich, bzw. der so unterstellte Zusammenhang bedeutet jedenfalls nicht nur eine Abwertung der Religionsschrift, sondern zugleich ihre Fixierung als eine Art von Kanon für die Auffassung dieser Systeme selbst. Insofern weist er auf das Rätsel der Wirkungsgeschichte des Buches hin, das gerade um der umfassenden „Praxis" der in ihm angesprochenen Thematik willen – wie Kant insgesamt – in der Figur eines bloßen Anfangs gesehen und festgehalten wird.

Ob und inwieweit sich die idealistischen Denker *wirklich* der Religionsschrift in der geschilderten Weise verpflichtet wußten, bleibt damit historisch noch völlig offen. Einzig ihr schon erwähnter früher Eindruck auf Fichte, Schelling, Hegel und Schleiermacher (vgl. Anm. 16) kann vorerst einen Anhaltspunkt dafür bieten, daß die von der Kritik gezeichnete Entsprechung nicht nur eine spätere Konstruktion darstellt.

Zunächst ist allein der bemerkenswerte Tatbestand festzuhalten, daß die Religionsschrift gerade über eine sie abwertende und sie äußerlich in die Verborgenheit drängende Kritik zu einer allgemeineren, allerdings nicht leicht greifbaren Geltung gebracht wird.

2. Aporetische Züge der Interpretation als Hinweis auf eine verborgene Dimension der Schrift

Es ist nicht die Regel, daß eine erklärtermaßen philosophische Abhandlung wie Kants Religionsschrift in nahezu allen theologiegeschichtlichen Darstellungen einen festen Platz findet. Wenn sie wie selbstverständlich neben die sonstigen

---

[25] Die intendierte Verwirklichung reicht letztlich auch über die in den idealistischen Systemen vorliegende hinaus und meint, die „reale" Einlösung aller Theorie, gerade auch die des Idealismus insgesamt, in einer umfassenden „Wirklichkeit". Für die Argumentation kann jedoch dieser Aspekt vorerst vernachlässigt werden.

Bearbeitungen der christlichen Lehre gestellt und diesen gleich erörtert wird[26], so zeigt dieser Vorgang, daß der Schrift offenbar Elemente abgewonnen werden können, die über das „nur" philosophische Gebiet hinauszureichen scheinen. Wenn auch die auffällige Ähnlichkeit von Kants Konstruktionen mit den dogmatischen Lehrstücken einen Vergleich beider geradezu herausfordert, so werden nicht eigentlich auf dem Felde des Vergleichs solche Elemente gefunden. Vielmehr sinken die kantischen Herleitungen dabei zu „Umdeutungen"[27] herab, die gerade den wesentlichen Gehalt der Dogmatik verfehlen, bzw. nicht erreichen sollen. Gefunden werden sie dann gleichsam *hinter* dem Text, indem ein sich gegen die Absicht Kants durchsetzender Einfluß christlicher Lehre[28], oder überhaupt eine tiefe Religiosität[29] ermittelt wird, wodurch dann erst die Einbeziehung des Philosophen in die Theologiegeschichte ungeachtet seiner „gewaltsamen"[30] Umdeutungen motiviert und gerechtfertigt erscheint[31].

Obwohl sich vermuten läßt, daß die Nötigung, ein „theologisch" relevantes *allgemeines* Kant-Bild zu fixieren, auf den starken Eindruck der Religionsschrift selbst als einer beispiellosen Synthese von Vernunft und biblisch-christlicher Lehre zurückgeht, finden also gerade die der traditionellen Dogmatik am nächsten kommenden Einzelresultate Kants keine eigentliche Rezeption. Sie werden kaum anders denn als Kuriositäten vorgeführt. Dies überrascht umso mehr, als diese Deduktionen *philosophischerseits* ebenfalls keine Anerkennung zu finden vermocht haben, und zwar *weil* sie als ein Sicheinlassen Kants auf den vorgegebenen dogmatischen Stoff gelten und inso-

---

26 Daß die analoge Behandlung aufschlußreich ist auch hinsichtlich der dabei waltenden Einschätzung der als ausgesprochen „theologisch" geltenden Hervorbringungen, sei am Rande angemerkt.
27 Daß es sich bei Kants Deduktionen um „Umdeutungen" handle, ist durchgängige Meinung. Vgl. O. Pfleiderer, Geschichte der Religionsphilosophie, Berlin 1893³, S. 178; E. Hirsch, Geschichte der neuern evangelischen Theologie IV, 1952, S. 324; W. Windelband, Lehrbuch der Geschichte der Philosophie, Tübingen 1957¹⁵, S. 478; usf.
28 Z. B. Barth, a.a.O., S. 260: „ ... ob es sich hier (betr. Lehre von der Kirche) nicht vielleicht wider seinen Willen und Plan anders verhalten habe, ob er hier nicht den Text einer anderen Religion als seiner Religion innerhalb ... benützt haben möchte." Oder S. 262: „Es dürfte hier (betr. Lehre vom Bösen) in der Tat wiederum in Frage kommen, daß Kant sich nolens volens des Ärgernisses und der Torheit christlich-dogmatischer Lehre schuldig gemacht haben könnte".
29 Pfleiderer, a.a.O., S. 176; Hirsch, Geschichte IV, S. 299. Noack folgert sogar, „daß die feste Überzeugung Kants von der Unverlierbarkeit der moralischen Anlage der rationalistisch modifizierte Ausdruck für den im Grunde religiösen Glauben an die unzerreißbare, wechselseitige Bezogenheit Gottes und des Menschen ist" (a.a.O., S. LXVII).
30 Hirsch: „Bei ihm proklamiert die Aufklärung das Recht, öffentlich Gegebenes, das man nicht beseitigen darf, gewaltsam zu rationalisieren" (Geschichte IV, S. 324); U. Schultz, Kant, 1965 (rm 101): „ ... Gewaltsamkeit, mit der Kant den Kirchenglauben seinem bereits errichteten denkerischen System einordnete" (S. 147).
31 Der von Kant ausgegangene „unermeßliche" Einfluß auf die Theologie wird in der glänzenden Darstellung Hirschs vornehmlich auf eine „dem Evangelium und der Reformation wahlverwandte Auffassung des Sittlichen" (Geschichte IV, S. 302), nicht auf Explikationen der Religionsschrift selbst zurückgeführt.

fern als „theologische" Lehrbildung empfunden werden[32]. Dieser in sich widersprüchliche Sachverhalt, daß die Religionsschrift aus jeweils *denselben* Gründen einmal der Philosophie und einmal der Theologie zugeschoben wird, umschreibt die eigentliche *Sonderstellung* des Buches, in keines der Gebiete recht eigentlich integriert werden zu können. Die in ihm in Beziehung gesetzten Elemente von Vernunft und christlicher Lehre streben in der Interpretation augenscheinlich wieder auseinander, so daß sich der Philosoph lieber an den Kant der „Kritiken" und der Theologe an die tiefer liegenden „religiösen" Schichten der kantischen Philosophie insgesamt hält.

Diese in sachlicher Hinsicht letzten Endes zu beobachtende „Heimatlosigkeit" der Religionsschrift ist ein erster Hinweis auf eine durch die Interpretationsgeschichte überhaupt veranschaulichte letzte *Unzugänglichkeit* der Schrift.

Der Eindruck einer solchen verstärkt sich, wenn man einzelne in sich zwiespältige Urteile betrachtet: Soll bei Kant auf der einen Seite „jeder Sinn für das eigentümliche Wesen der Religion" fehlen, so hat er sich dennoch „um das tiefere Verständnis ihres Wesens das größte Verdienst erworben"[33]. Wird das Werk z. B. von Kroner noch ganz als „im Geiste der Aufklärung wurzelnd" geschildert, so muß doch zugleich ein „bedeutsamer Unterschied zu den Vertretern der natürlichen Religion" eingeräumt werden[34], welcher dann freilich bezeichnenderweise unergründet bleibt.

Diese zwiespältige, bis zur Gegensätzlichkeit reichende Einschätzung aber begegnet nicht nur bei einem und demselben Ausleger, vielmehr regiert sie auch die anscheinend nicht eindeutig sicherzustellende Gesamtdeutung: Soll Kant einerseits seinen moralischen Glauben „großenteils aus dem Christentum geschöpft" haben[35], und „nur nachweisen wollen, daß die Offenbarungs- und Geschichtslehren der reinen praktischen Vernunft nicht widerstreiten"[36], so wird andererseits die Meinung vertreten, daß „die Religionsphilosophie Kants von der Geschichte und von der psychologischen Wirklichkeit der Religion im Prinzip ganz unabhängig" sei[37]

---

32 Pfleiderer: „Den Philosophen gilt die Lehre vom moralischen Vernunftglauben meist als die schwache Seite der Kantischen Philosophie, als Abfall und Rückfall von seinem theoretischen Kritizismus" (a.a.O., S. 172). E. v. Aster, Geschichte der Philosophie, Stuttgart 1956¹²: „Aus der Vernunftreligion ist bei Kant eine Rechtfertigung des religiösen Glaubens als einer zu Recht bestehenden Form des Fürwahrhaltens neben dem theoretischen Erkennen geworden" (S. 290); Windelband: „ . . . geht er mit der Verwendung überlieferter dogmatischer Vorstellungen weit über dasjenige hinaus, was als rein logische Konsequenz aus seiner theoretischen und praktischen Philosophie hätte abgeleitet werden können" (a.a.O., S. 478); vgl. auch Anm. 22.
33 Pfleiderer, a.a.O., S. 186; auffällig ist überhaupt, daß mehrfach ein religiöses Erleben Kants bemüht wird, um gewisse Auffassungsschwierigkeiten zu beseitigen. Dies ist besonders im Zusammenhang der Lehre vom „Bösen" zu beobachten (vgl. J. Bohatec, Die Religionsphilosophie Kants, Hildesheim 1966², S. 601; Windelband, a.a.O., S. 478; u. ö.)
34 Kroner, a.a.O., S. 219.
35 Dilthey, Jugendgeschichte, S. 297.
36 Noack, a.a.O., S. LIV.
37 Troeltsch, a.a.O., S. 36: „Ihr Grundstock liegt in den immer neu aufgenommenen Darstellungen über die reinen Religionsideen."

oder daß sie eine „Be- und Aburteilung der Religion" darstelle[38] und „an die Stelle der Verstandesmetaphysik den moralischen Vernunftglauben setzen" wolle[39].

Auch wenn sich die Beispiele vermehren ließen, ist schon deutlich, daß die sich in unverhüllten Antagonismen bewegende und zu einander ausschließenden Bestimmungen der Grundtendenz gelangende Interpretation in abwertender Kritik allein nicht aufgeht. Vielmehr sind diese Auslegungen an sich selbst der Beleg dafür, daß die Religionsschrift einen schwer zu entschlüsselnden Charakter besitzen muß und auch in sachlicher Hinsicht offenbar eine indirekt anerkannte Sonderstellung einnimmt, welche durch die Art des Umgangs mit ihr, durch eine in allen Würdigungen vorausgesetzte Unvergleichlichkeit, angedeutet, jedoch nicht wirklich betont wird oder gar erklärt werden kann.

Fragt man nach dem Grund für diese eigentümliche Zwiespältigkeit des Urteils, für dies Ineinander von Kritik und verdeckter Anerkennung, so befriedigt die Auskunft, ein zwiespältiger Charakter des Werkes selbst sei die Ursache, darum nicht, weil auch noch eine die Religionsschrift negativ profilierende Auslegung – scheinbar unbeabsichtigt – der Wirkung der Schrift entscheidende Zugeständnisse machen muß. Und so ist die Annahme einer verborgenen, vielleicht sogar mehr oder weniger bewußt verdeckten[40] Eigenheit des Buches wahrscheinlicher als die problematische Unterstellung, Kant sei hier hinter seinem sonstigen Werk zurückgeblieben.

Die geschilderte „Heimatlosigkeit" erklärt sich wohl eher so, daß die Religionsschrift als gelungene und irgendwie anerkannte Synthese die Gebiete von Philosophie und Theologie wirklich übergreift und *deshalb* nicht mehr integrierbar ist, als daß sie aus jedem der Bereiche ihrer Schwächen wegen herausgehoben wäre.

Wie auch immer eine auf solcher Koinzidenz beruhende Sonderstellung inhaltlich zu beschreiben sein wird, sie besitzt ein bedeutsames Indiz in der alle Auslegung bestimmenden Unterscheidung zwischen einem „wirklichen" und einem „uneigentlichen" Kant.

Wenn der Philosoph einen autonom denkenden und einen sich an „Gegebenes" ausliefernden *und* der Theologe einen dem Glauben verpflichteten, „wahren" von einem „bloß" theoretisierenden Kant unterscheiden, dann deutet sich eine stillschweigende Übereinkunft an: Als das beherrschende Anliegen erweist sich *beidemale* das Problem „realer", wirklichkeitsgemäßer Theorie, *nicht aber* das einer abstrakten Synthese von Vernunft und Offenbarung. Dieses letztere Problem – wie dauerhaft es von der Auslegung und vom nachkantischen Denken bis

---

[38] Schultz, a.a.O., S. 148.
[39] Kroner, a.a.O., S. 219.
[40] Von einem bewußten Verdecken müßte gesprochen werden, wenn sich die Interpretations-Interessen als so beherrschend erweisen würden, daß der Auslegung die Absicht Kants nicht mehr entnommen werden kann. Die hier folgende Interpretation unterstellt dies, ohne jedoch das Recht der genannten Interessen zu bestreiten. Sie stellt vielmehr einen Zusammenhang zwischen diesen und dem Gehalt der Religionsschrift her und sucht sie gerade als Folge der in dieser entwickelten Grundanschauung zu bestimmen.

heute auch in den Vordergrund gerückt wird – ist herabgesunken zu einem Instrument für die Einschärfung der umfassenden Realisierungsaufgabe selbst[41], welche gleichbedeutend ist mit der Bestimmung von Wirklichkeit überhaupt. Die Dogmatik wird nicht länger, gerade auch von der Theologie nicht, als „gegebene" Theorie hingenommen, sie verlangt nach Realität und „Praxis".

Indem ein „wirklicher" Kant gesucht und dann jenseits seiner eigenen „Praxis" in der *eigentlichen* Theorie gefunden wird[42], ist deutlich, daß die Wirklichkeit auf dem Boden entfalteter *Theorie* aufgesucht wird, und daß sie nur als Theorie-*Entfaltung*, nicht als die festgeschriebene, Praxis für sich nur thetisch in Anspruch nehmende dogmatische Theorie Interesse gewinnt. Ob zu Recht oder nicht: eine sich derart mit Kant ins Benehmen setzende Theologie erklärt indirekt „Wirklichkeit" schlechthin zum zentralen Thema des Christentums und übersteigt damit die formal noch festgehaltenen Grenzen zur Philosophie entscheidend.

Der Anteil der Religionsschrift an dieser Entwicklung ist nun zu untersuchen.

C. Religion als Theorie der Wirklichkeit

Spätestens seit Schleiermachers „Reden" gilt es für ausgemacht, daß Kant das eigentümliche Leben und die Wirklichkeit der Religion verkannt habe[43].

Seine „vernünftigen" Herleitungen atmen noch ganz den Geist der Aufklärung, scheinen wie deren theologische Literatur auf nichts anderes zu zielen, als auf den Erweis der Vernünftigkeit christlicher Lehre. Allein Kants Tiefsinn habe ihn über die spitzfindigen Wunder-Erklärungen der Neologen emporgehoben, nicht aber sei er zur Würdigung geschichtlicher Religion als eines eigenen Gebietes gelangt[44].

---

41 Das später in der Dogmatik übliche Beharren auf „Offenbarung" gegenüber bloßer philosophischer Vernunft erfolgt gerade als die Versicherung einer umfassenderen *Realität*. Es stellt die theologische Variante der Auffassung dar, daß die Wirklichkeit insgesamt mehr als nur gedankliche Hervorbringung sei. Gleichwohl ist die Möglichkeit ihrer theoretischen Zusammenfassung (als Offenbarungssystem nämlich) behauptet. Das dauerhaft vorgetragene Mißlingen der Synthese von Vernunft und Offenbarung bildet das spannungsvolle Verhältnis von totaler Wirklichkeit und ihrer theoretisch-gedanklichen Fassung ab, wobei die beiden Elemente als sich gegenseitig bedingend, doch niemals ineinander aufgehend gedacht sind. Über die nachkantische, veränderte Funktion von Dogmatik wird noch zu sprechen sein.

42 Die auf Übereinstimmung mit der christlichen Lehre abhebende theologische Interpretation stützt sich auf die *wegen* der Übereinstimmung als wirklichkeitskonform und insofern als „real" empfundene *Theorie* Kants.

43 Über die Wirkung der „Reden über die Religion" von 1799 urteilt W. Trillhaas: „Keine Deutung der Religion ist in der Folgezeit von ähnlicher Fruchtbarkeit gewesen, man kann sagen: sie hat die Religionswissenschaft bis heute geradezu in ihren Bann geschlagen" (Religionsphilosophie, Berlin 1972, S. 28).

44 „Statt der reinen Religion dagegen hatte er nur wiederum ein rein Vernünftiges und Sittliches, nur eine Religion „innerhalb der Grenzen der bloßen Vernunft" zu entdecken vermocht und war so auf eine Heteronomie gerathen, die einer Verkennung des eigenthümlichen Wesens und Werthes der Religion gleich kam. An diesem Punkte setzt Schleiermacher

Um wieviel reicher erscheinen hingegen dann die Schriften Herders, Schleiermachers und aller Romantiker, nicht zu reden von der Fülle an Konkretionen, welche durch die Religionswissenschaft bis heute aufgedeckt wurde.

Gegen die Religionsschrift Kants steht gewissermaßen die Unendlichkeit der Empirie auf und überführt sie einer deutlichen „Unwirklichkeit", des Konstruiertseins, welches die geschichtliche Wirklichkeit außer sich behält[45]. Die Bildung des Positivitäts-Gedankens und seine Anwendung auf die Religion befreien mit einem Schlage von der „Vernünftelei" der Aufklärung und eröffnen den Zugang zur Realität der Geschichte; und so wird jener verstandesmäßige Subjektivismus zugunsten eines echten Überschritts in eine *wirkliche Welt* überwunden.

Obwohl diese Hinwendung zu den „Tatsachen", die nicht nur auf religiösem Gebiet erfolgt, sondern ganz allgemein zum Merkmal des nachkantischen Denkens geworden ist, generell als Überwindung von Aufklärung und Kritizismus gilt[46], wird man nicht vergessen dürfen, daß diese neue Welthaltung historisch unmittelbar der kantischen Philosophie gefolgt ist und sich nur im Zusammenhang mit ihr erklärt[47]. Die neu „gefundenen" Wirklichkeiten und Tatsachen lassen sich nicht mehr einfach im vorkritischen Sinne als feste Objektivitäten auffassen, vielmehr müssen sie, in der erkenntnistheoretischen Klammer betrachtet, als *Konstruktionen* gedacht werden.

Der konstruktive Grundcharakter freilich tritt gewöhnlich nicht in Erscheinung, vielmehr wird mit der „Wirklichkeit" weithin umgegangen, als handle es sich — ganz im vorkritischen Sinne — nicht um *gesetzte* Objektivität: Fülle und Verläßlichkeit der „Realitäten" machen das Prinzip, nach dem sie gebildet sind, vergessen oder lassen es wenigstens unausdrücklich bleiben, und so kommt es zu

---

an" (R. Haym: Die romantische Schule, Berlin 1870, S. 422). „Es fehlt ihm aber der Blick dafür, daß dem positiven Gehalt einer historischen Religion ein über das Rationale ... hinausreichender Eigenwert zuzusprechen ist, daß religiöses Gemeinschaftsleben, religiöse Wirklichkeit allein durch Positivität möglich sind" (Kroner, a.a.O., S. 219).

45 „Wichtiger ist aber, daß sich die Religion in dieser Kantischen Deutung nicht wiederzuerkennen vermag. Das, was Kant der Religion hier als ihren Wesenskern zudiktiert, das kann keine positive Religion als ihr Eigentümliches anerkennen" (Trillhaas, a.a.O. S. 27).

46 Die Rolle Hegels in diesem Prozeß wird noch beschäftigen; doch sei hier schon betont, daß auch seine „Versöhnung" von Subjekt und Wirklichkeit die kantischen Verschränkungen nicht einfach aufhebt, sondern fortbildet. Hegel kann bekanntlich nicht zum Zeugen für eine unkritisch zu nehmende Objektivität gemacht werden.

47 Die Hervorhebung eines Gegensatzes zwischen Kritizismus und romantischer Geschichtsschau wird erleichtert durch das verbreitete geistesgeschichtliche Verfahren, den Gang der Entwicklung vor allem als von großen Individuen getragen anzusehen, welche auf Grund von unbegreiflicher Genialität „Neues" bewirken. Es bleibt aber geboten, neben dem Sinn für die jeweiligen Eigentümlichkeiten auch den für die Problemkontinuität wachzuhalten. Es soll sich zeigen, daß der Übergang von Kant zur Romantik auch ohne die Inanspruchnahme von unableitbaren Komponenten allein als Durchführung und Ausarbeitung der kritischen Philosophie selbst dargestellt werden kann. Im Blick auf die Religionsschrift hat dies u. a. zur Folge, daß sich „neu" entdeckte Bereiche der Religion, wie sie etwa unter Berufung auf den Religionsbegriff Schleiermachers gegen Kant geltend gemacht werden, nicht mehr im Sinne des Gegensatzes anführen lassen.

dem Schein eines fundamentalen Gegensatzes zwischen Aufklärung und neuzeitlicher Weltbetrachtung, die im Schema „bloßer Gedanke und konkret-reale Fülle" einander entgegengestellt werden[48].

Die Erinnerung an den konstruktiven Charakter von Wirklichkeit und Empirie überhaupt läßt aber nun auch den „Mangel" der Religionsschrift, daß hier Religion unabhängig von ihrer eigentlichen Wirklichkeit bloß konstruiert werde, in einem anderen Licht erscheinen.

Wirklichkeiten oder „Tatsachen" der Religionsgeschichte, bzw. des religiösen Bewußtseins können bei Berücksichtigung des erkenntnistheoretischen Gesichtspunktes nicht in einen prinzipiellen Gegensatz zu Kants „Konstruktionen" gebracht werden. Ein solcher Gegensatz hebt sich vielmehr dann von beiden Seiten her auf: Die Tatsachen verlieren ihre fraglose Festigkeit, und die Konstruktionen Kants können nicht bei einer selbstverständlich unterstellten Realitätslosigkeit festgehalten werden.

Das Problem von Wirklichkeit erweist sich somit *nicht* als Divergenzpunkt, sondern im Gegenteil als Feld, auf dem sich die scheinbar konträren Standpunkte gerade berühren und positiv miteinander zusammenhängen.

Indem die Religionsschrift für den Konstruktionsvorgang selbst noch durchsichtig ist, gewinnt sie für die Deutung der späteren, dann zu „echten" Realitäten verfestigten Konstruktionen besonderes Interesse; und wenn sich zeigen läßt, daß Kant gerade unter dem Religionsthema eine umfassende *Wirklichkeitsentfaltung* unternommen hat, auch eine geistesgeschichtliche Schlüsselstellung[49].

---

[48] Das Wissen um eine die Neuzeit bedingende oder einleitende Stellung der Aufklärung ist zwar Allgemeingut, doch weiß sich in Wahrheit alle nachfolgende Geschichte gerade im Realitätsprinzip entscheidend von ihr getrennt. Die Betonung einer solchen Kluft gehorcht offenbar dem schon erwähnten *systematischen* Interesse von Selbstauslegung. Man bedient sich des geschichtsphilosophischen Schemas, um das in jeder Gegenwart auszusagende Verhältnis von praktischer Gesamtwirklichkeit und ihrer theoretischen Fassung zu veranschaulichen. Ähnlich wie bei den Würdigungen der Religionsschrift setzt sich aber auch in bezug auf die Aufklärung das Bewußtsein von Kontinuität insofern gegen den Schematismus durch, als die Betonung des Gegensatzes mit der Versicherung bleibender Bedeutung verbunden wird. Man wird sich also bei der *geschichtlichen* Darstellung von dem systematischen Schema zu lösen haben und dann die nachaufklärerische Zeit nicht im Sinne von Überwindung sondern von Vollstreckung deuten müssen. – T. Rendtorff hat im Blick auf Schleiermacher eine entsprechende Nivellierung des Gegensatzes unternommen: „Schleiermacher ist allzu nachhaltig auch als Überwinder der Aufklärung gefeiert worden: Er ist das aber nur, weil und sofern er ihr Vollstrecker ist" (Kirchlicher und freier Protestantismus in der Sicht Schleiermachers, NZSTh 10, 1968, S. 23).

[49] Die allgemeine Materialisierung von Wirklichkeit im nachkantischen Denken drückt sich nicht zuletzt in der Fixierung eines Eigenbereichs von Religion aus. Diese „Konkretisierung" belegt die Teilnahme der Theologie am geistigen Gesamtprozeß, den sie so auf ihre Weise wiederholt und abbildet.

Wie wenig dabei ein Interesse an den religiösen Wirklichkeiten und Tatsachen *als solchen* vorherrscht, geht daraus hervor, daß die Absonderung nur der Weg ist, um die *umfassende* Bedeutung der Religion zur Geltung zu bringen, was sich leicht etwa an den „Reden" Schleiermachers ablesen läßt.

1. Die ursprüngliche Realität der produktiven Vernunft

Die Religionsschrift ist mißverstanden, wenn sie als *Auslegung* der biblisch-christlichen Lehre genommen wird, sie will nichts Geringeres sein als deren *genuine Konstruktion*.

Auf dem Nachweis, daß die Vernunft eine solche Erzeugung zu leisten vermag, liegt alles Gewicht.

Indem aber eine isolierte Religion, bzw. Religiosität für das *Allgemeine* transparent gehalten wird, enthüllt sie sich trotz der Hervorhebung des Faktischen als *Theorie*, da sie anders das Allgemeine nicht in sich zu repräsentieren vermöchte.

Daß die Konkretisierung zum eigenen Bereich und die Betonung der Tatsächlichkeit *die* Figur ist, durch welche nicht nur die Realitätsbezogenheit von Religion, sondern auch der Theorie- und Konstruktionscharakter von Wirklichkeit überhaupt ausgesagt wird, – diese *Hypothese* ist für die folgende Untersuchung leitend, und sie soll an der Religionsschrift Kants gewonnen und erhärtet werden.

Mit ihrer Bestätigung wird sich erklären lassen, warum die Religionsthematik in der Folgezeit eine auffallende Spitzenstellung erhält, *obwohl* ihr allgemeine Evidenzen hinsichtlich der Einzelaussagen versagt bleiben und diese nicht zu zwingender, etwa kirchlich oder volkspädagogisch sichtbarer Verbindlichkeit gebracht werden können.

Daß es zwischen „Religion" und abstrakter Wirklichkeitstheorie erhebliche Affinitäten oder Koinzidenzen geben muß, wird auch dadurch unterstrichen, daß sich die letztere bis hin zu ihren ausdrücklich religionskritischen Gestaltungen dauerhaft der Unterstellung gegenüber findet, „eigentlich Religion", bzw. theologisch relevant zu sein.

Der hierbei zu beobachtende Umgang mit dem Religionsbegriff scheint sowohl in seiner polemischen wie in seiner apologetischen Verwendung zu belegen, daß für „Religion" die theoretische Fassung der Wirklichkeit in Anspruch genommen wird.

Die Fixierung eines Eigenbereichs besagt dann kaum anderes als eine Abspaltung der abstrakten Theorie von der allgemeinen Wirklichkeit, welche sich in jener zu bestimmen sucht.

Je mehr die gegenseitige Durchdringung von Wirklichkeit und Theorie geschichtlich fortschreiten, je mehr also erstere faktisch als Konstruktion behandelt sein wird, als desto problematischer muß sich das Festhalten an einem solchen Eigenbereich darstellen, ja, mit einer gewissen Zwangsläufigkeit mündet die Entwicklung in die Behauptung einer allgemeinen religiösen Qualität der Wirklichkeit ein.

Diese im weiteren Geschichtsverlauf praktisch erfolgende Transzendierung des Eigenbereichs, welche mit der umfassenden Theoretisierung der Wirklichkeit zusammenfällt, zeigt, daß seine Fixierung von Anfang an mehr bedeutet hat, als der apologetische Schein einer vordergründig ausgesagten religiösen Eigenwirklichkeit erkennen läßt. „Religion" und allgemeine philosophische Theorie streiten vielmehr prinzipiell um den Rang, in ihrem dialektischen Gegenüber zur Realität diese als *Theorie* erschöpfend in sich zu repräsentieren und somit zu bestimmen.

Die nicht abreißende Bemühung, beispielsweise Hegels Philosophie theologisch zu deuten, dürfte ihren Grund darin haben, daß jede Welttheorie per se als „religiös" empfunden wird, weniger aber darin, daß Hegel zu Einzelresultaten kam, welche als positive Auslegung der christlichen Lehre gelten können. Mit einem in diesem Sinne zu bestimmenden Religionsbegriff ist nicht zuletzt die Erwartung verbunden, die schwankende Einschätzung von Hegels Philosophie erklärbar zu machen.

Zwar hatte das 18. Jahrhundert die Schriftautorität vielfältig dem Urteil einer autonomen Vernunft unterworfen, doch war es dem vorkritischen Denken nicht gelungen, die „positiven" biblischen Lehren gedanklich so aufzuschließen, daß ihre Notwendigkeit einleuchtend gewesen wäre. Die Aufklärung hatte sich dabei begnügt, aus dem biblischen Schrifttum ein Substrat von „ewigen" Vernunftwahrheiten zu ermitteln und die unerklärlichen Bestandteile als lokale und zeitbedingte, also zufällige „Geschichtswahrheiten" auszuscheiden.

In Kants Religionsschrift hingegen werden erstmals auch die „widervernünftigsten" Lehren wie die von Gottessohnschaft, Rechtfertigung, Auferstehung und Himmelfahrt als vernunftbedingte Schöpfungen erschlossen. Dies geschieht, indem die Scheidung zwischen ewigen und historischen Wahrheiten selbst aufgehoben wird[50]. Gerade die positiv-geschichtlichen Elemente fallen einer als umfassend verstandenen menschlichen Vernunft anheim und bleiben nicht als Gegebenes von ihr ausgenommen und jenseitig.

Es ist eine wesentliche Frucht der Erkenntniskritik, daß seit Kant *alle* Bildungen des Geistes als prinzipiell gleichwertig behandelt werden. Ein Beiseitesetzen von „nur historischen" Elementen gilt für ebenso unbefriedigend wie umgekehrt die qualitative Hervorhebung von „geoffenbarten" Wahrheiten. Auf Grund der in allen Gedankenschöpfungen anzunehmenden Vernunft verlangen gerade auch die scheinbar zufälligen Geschichtswahrheiten eine Wesensdeutung, welche sie aus der Sphäre von Zufall und unverbindlicher Beliebigkeit heraushebt[51]. Durch Einbeziehung der vermeintlich belanglosen Positivitäten in die umfassende Vernunft schließt sich dann der vielberufene „garstige Graben" Lessings. Er rückt gewissermaßen an die von Kant gezogene Erkenntnisgrenze hinaus und ist dort nicht mehr als Hemmung in Lessings Sinne zu erfahren, weil das gesamte diesseitige Denken zum alleinigen und zusammenhängenden Feld menschenmöglicher Wahrheit wird, welches dann ohne Abstriche in seinen vielfältigen endlichen Gestalten Interesse und Gewicht beansprucht[52].

50 Der Schein, Kant selbst folge der Unterscheidung von historischen und ewigen Wahrheiten, entsteht angesichts der in der Religionsschrift vollzogenen Differenzierung in „philosophische und historische Vorstellungen". Im Zusammenhang der Erörterung des Geschichtsproblems wird noch gezeigt werden, daß damit keine Wiederholung der aufklärerischen Gegenüberstellung, sondern eine wesentliche Modifikation vollzogen ist. Das Konstruiertsein aller Geschichte, ihr „Vorgestelltsein", ist die entscheidende Verschränkung, welche vor- und nachkantische „Positivität" voneinander trennt.

51 Wenn Kant Historisches „gleichgültig" nennt („Das Historische aber, was dazu nichts beiträgt, ist etwas an sich ganz Gleichgültiges, mit dem man es halten kann, wie man will. – Der Geschichtsglaube ist ‚tot an ihm selber', d. i. für sich, als Bekenntnis betrachtet, enthält er nichts, was einen moralischen Wert für uns hätte"; RS, S. 122; ähnlich S. 47), so kann darin kein Argument gegen die genannte Gleichordnung erblickt werden. Ein Satz wie der zitierte belegt im Gegenteil, daß eben die starre Wiederholung des Historisch-Statuarischen durch seine vernünftige Verflüssigung überwunden werden soll: „Diese Religion ist „der Geist Gottes" ... und er bezieht *alles*, was die Schrift für den historischen Glauben noch enthalten mag, *gänzlich* auf die Regeln und Triebfedern des reinen moralischen Glaubens" (a.a.O.; Hervorhebungen d. Vfs.).

52 Der aus solcher Bestimmung des Wirklichkeitsfeldes zu erschließende Einfluß Kants auf das Werden des neuzeitlichen Geschichtsbewußtseins ist kaum gesehen, obwohl er in seiner

Bedingung für diesen Vorgang einer Integration ist freilich die Möglichkeit, die Geschichtstatsachen *originär* aus Vernunft erzeugen zu können, weil ihre vernünftig-natürliche Genese den Gedanken ihrer Wiederholbarkeit notwendig einschließt. Indem nur die „Dinge an sich" unerkennbar bleiben, der Bereich der Erscheinungen aber der gedanklichen Durchdringung völlig offensteht, käme die Hingabe an *unableitbare* Fakten und Lehren als Anerkennung von Irrationalem einem Überschreiten der Erkenntnisgrenzen und damit einem Rückfall hinter die kritische Philosophie gleich [53].

Der Eindruck, Kant sei in der Religionsschrift hinter dem kritischen Hauptwerk zurückgeblieben, tritt denn auch nicht zufällig mit der gleichzeitigen These auf, die Schrift wolle *Auslegung* der dogmatischen Lehre sein [54].

> Reichweite letztlich entscheidender sein dürfte als die besonders in Anspruch genommene romantische Geschichtsidee. Diese ist in ihrem Reichtum an Konkretion eher als materiale Durchführung zu deuten.

53 Die der Romantik zugesprochenen Entdeckungen des Individuellen und der Kontingenz lassen sich kaum als fundamentale Bestreitung eines solchen „aufklärerischen" Vernunftbegriffs verstehen, weil sie selbst jeweils als Momente innerhalb einer geschichtsphilosophischen Konzeption vorkommen und damit gleichfalls auf dem Boden des umfassenden Vernunftbegriffs ausgebildet und diesem auch ausdrücklich verpflichtet sind. Das Geltendmachen des Einmaligen vermag durchaus vermittelt zu werden mit dem Gedanken einer allgemeinen Vernunft, ja es ist überhaupt nur auf seiner Grundlage möglich. Und zwar nicht nur weil das Individuelle hinsichtlich seines Ertrags, bzw. seiner Bedeutung für das Allgemeine als ergründbar gedacht sein muß und wird, sondern weil der Begriff des Einmaligen selbst eine Vernunftschöpfung darstellt. Als unvermittelte Behauptung eines absoluten Irrationalen würde er das Vernunftprinzip und damit sich selbst vernichten. Die dem „Ding an sich" zuteil gewordene Kritik wird im Zusammenhang der Hegel-Darstellung noch beschäftigen, doch ist leicht zu sehen, daß ein als *Produkt* des Denkens entlarvtes „Ding an sich" (vgl. z. B. Enzyklopädie, 1830, §44) die Erkenntnisgrenzen ausschließlich im Sinne von vernünftiger Konstruktion, nicht aber im Sinne von einfacher Hinnahme der Wirklichkeit erweitert.

54 Zur Abrundung des Bildes der in dieser Hinsicht einheitlichen Interpretation sei zu den schon angeführten Belegen noch R. Slenczka (Geschichtlichkeit und Personsein Jesu Christi, Göttingen 1967) zitiert: „Kants Schrift über die Religion folgt in ihrem Aufbau dem dogmatischen System und schließt sich eng, wie J. Bohatec gezeigt hat, an bestimmte Vorbilder aus der rationalistischen Theologie an. Es wird der Beweis geführt, daß der positive (statuarische) christliche Glaube mit der Vernunftreligion in voller Übereinstimmung steht" (S. 41).

Das Reden von einer engen Anlehnung an die Dogmatik und von einem Übereinstimmungsbeweis biegt das Anliegen Kants kaum merklich, aber entscheidend um. Es entsteht der Eindruck einer *apologetischen* Grundtendenz.

Solche Interpretation, für welche der große Kommentar Bohatecs in vielfacher Hinsicht die Argumente bereitstellt (vgl. auch F. Delekat, Immanuel Kant, Heidelberg 1966², S. 340), nivelliert das konstruktive Anliegen der Religionsschrift, indem ihre Herleitungen mit einem letztlich *Feststehenden* verglichen und an ihm gemessen werden.

Kants Intention ließe sich nur dann als das Führen eines „Übereinstimmungsbeweises" kennzeichnen, wenn die natürlich-vernünftige Entstehung der christlichen Lehre vollständig eingeräumt wäre. Sowie aber nur irgend ein Schein von Unableitbarkeit der Dogmatik bestehen bleibt, verhüllt die Auslegung das Spezificum der Religionsschrift.

Diese will (vgl. Vorrede zur zweiten Auflage, Noack, a.a.O., S. 14) die Lehre gänzlich auf

Der Gedanke von genuiner Konstruktion in bezug auf die christliche Lehre wäre allerdings unvollziehbar, wenn er mit dem von freier *Erfindung* verwechselt würde. Auf die Vorfindlichkeit des Christentums hat Kant ausdrücklich reflektiert und eingeräumt, daß die Philosophie kaum ihrer absoluten Erfindungskraft „versichert" sein könne[55]; wenigstens nicht so, daß sie als geschichtliche Größe mit dem Bewußtsein vollzogen werden könnte, gleichsam ab ovo zu beginnen. Doch darf mit der stets naheliegenden und auch gebotenen Eingliederung des individuellen Denkers in die Christentumsgeschichte nicht unvermittelt wieder die Autorität unabgeleiteter Lehre ins Spiel gebracht werden, die diesen in die Rolle des bloßen Auslegers drängt; das Reden von einem solchen das Individuum nivellierenden Geschichtsganzen bleibt befragbar auf seine vernünftig-konstruktiven, geschichtsphilosophischen Prämissen. Unter den Bedingungen der Erkenntniskritik kann sich der „vorgefundene" Stoff der Geschichte dem Denker nicht mehr bindend entgegenstellen, vielmehr ist seine Wahrnehmung selbst als Akt der Konstruktion gewußt. Der Anspruch der kantischen Religionsphilosophie geht dahin, diesen Akt der Konstruktion freizulegen und zu analysieren, und zwar so, daß damit zugleich die „geschichtliche" Entstehung der christlichen Lehre offengelegt wird.

Im Bild von den konzentrischen Kreisen hat Kant dies Vorhaben beschrieben[56]. Es besagt nicht weniger, als daß Mitte und Thema des Christentums die Vernunft

---

Vernunft „zurückführen" und für sie in Anspruch nehmen, nicht aber *vergleichend* „Verträglichkeit" zwischen beiden ermitteln. Die von Kant gemeinte „Einigkeit" beider steht unter der Bedingung der freien Konstruierbarkeit der Lehre, d. h. der restlosen Auflösung des Historisch-Positiven. Jegliches Gegenüber von christlichem Glauben und Vernunftreligion wird *aufgehoben*. Darum bleibt das Reden von Übereinstimmung mißverständlich, weil es noch an ein solches Gegenüber denken läßt.

Man kann sagen, daß mit der Religionsschrift für Theologie und Christentum gewissermaßen eine neue Epoche beginnt, weil mit ihr das vollkommen vernünftig-theoretische Grundwesen des Christentums durchsichtig geworden ist und weil wider mancherlei Augenschein diese Durchsichtigkeit in der Folge auch bekannt und behauptet wird. Vernünftige Theorie der Wirklichkeit als die Wahrheit des Christentums ist seither zum Thema der gesamten Theologie geworden. Der apologetische Charakter von Theologie, welcher dieser Bestimmung zu widersprechen scheint, wird selbst als Moment und Funktion solcher Welttheorie ergründbar (vgl. Kapitel IV dieser Arbeit).

55 „Ich kan gar nicht in Abrede ziehen, daß in dieser Bearbeitung die christliche Glaubenslehre beständig ins Auge gefaßt worden, nicht, um sie nach dem Sinne ihrer Schrift (anders als blos muthmaslich) zu erklären, oder sie auch nach ihrem inneren Gehalte auf den Inbegriff jener Vernunftlehren einzuschränken, sondern, da es die Philosophie schwerlich dahin bringen dürfte sich zu versichern, sie habe ein Ganzes derselben nicht blos im allgemeinen umfaßt, sondern auch in seinen besonderen Bestimmungen (im Detail) ausgeführt, wenn nicht schon ein auf Religion abzweckendes, viel Jahrhunderte hindurch bearbeitetes, bisweilen wohl mit unnützen Zusätzen versehenes, indessen doch auf alle erdenkliche Bestimmungen derselben Bezug nehmendes Werk (eine heilige Schrift mit ihren Auslegungen) da wäre, welches die Vernunft auf Untersuchungen leiten kann, darauf sie von selbst nicht gefallen wäre" (Zweiter Entwurf zur Vorrede, Noack, a.a.O., S. CI). – Nebenbei sei auf die z. T. wörtliche Übereinstimmung mit §77 von Lessings „Die Erziehung des Menschengeschlechts" aufmerksam gemacht.

56 „Da *Offenbarung* doch auch reine *Vernunftreligion* in sich wenigstens begreifen kann, aber

selbst ist. Die Grenzziehung gegen eine periphäre Thematik, welche dem Schrifttheologen aufbehalten bleiben soll, läßt sich allein als taktische, die Radikalität äußerlich mildernde Maßnahme verstehen, weil einmal die Vernunft gerade als innere Sphäre alles Wesentliche für sich beansprucht, dem Schrifttheologen also nichts Entscheidendes belassen ist, und weil zum andern aus der schon dargelegten Vernunfteinheit unvermeidlich der Schluß gezogen werden muß, daß Kants eigentliche Meinung dahin geht, die vollständige Kongruenz der Kreise zu behaupten[57].

Die Vorfindlichkeit, welcher sich der Philosoph in der Religionsschrift „hingibt", ist nicht mehr die eines historischen Stoffes, sondern einzig diejenige der unableitbaren Vernunft als eines „unerforschlichen" menschlichen Vermögens.

Die Religionsschrift ist an ihr selbst ein einziger großer Beleg für die Realität der Vernunft, und daran hat sie ihr mehr verborgenes eigentliches Thema.

Kant, dessen vornehmliches Verdienst im Aufweis der Erkenntnis-Grenzen gesehen wird, hat hier die *Grenzenlosigkeit* der Vernunft aufgedeckt, — nicht im Sinne ihres Überschwenglichwerdens, aber im Sinne ihrer Macht, welche darin besteht, die scheinbar gegebenen Wirklichkeiten als ihr entsprungen zu erweisen. Eine Vernunft, die sich zwar nicht selbst „erfinden" kann, expliziert jedoch insofern *sich* als die alles bedingende letzte Realität, als sie gerade die scheinbar jenseitigen Wahrheiten auf ihr Gebiet herüberzuholen und sie zu setzen vermag: Nicht die abgeleiteten „Realitäten", welche vielfältig als bloße „regulative Ideen" zum praktischen Gebrauch bezeichnet sind, machen den primären Gegenstand der Religionsschrift aus, sondern die Wirklichkeit der Vernunft selbst, die nur durch ihre Entfaltungen hindurch, also nicht durch ihr Postuliertsein zum Erscheinen gebracht werden kann[58]. Daß die Vernunftwirklichkeit von Kant gerade

---

nicht umgekehrt diese das Historische der ersteren, so werde ich jene als eine *weitere* Sphäre des Glaubens, welche die letztere als eine *engere* in sich beschließt (nicht als zwei außeinander befindliche, sondern als konzentrische Kreise), betrachten können" (Vorrede zur zweiten Auflage, Noack, a.a.O., S. 13).

57 Die Konsequenzen, welche sich für die neuzeitliche Theologie ergeben, wenn sie sich zu diesem ausgesparten Bezirk und damit — trotz äußerer Entgegensetzung — indirekt zum kantischen Standpunkt überhaupt bekennt, sind noch zu erörtern. (Vgl. K. Barth, a.a.O., S. 278: „Es ist nicht einzusehen, daß seine Ortsbestimmung der Theologie darum nicht richtig sein sollte, weil der Ort, den er dem Theologen zuweist, in der Tat ein solcher ist, an welchem dieser sich — von einer das Anliegen der „bloßen Vernunft" wahrnehmenden Philosophie her gesehen — zum vornherein bedroht und auch wohl belächelt vorkommen muß. Man brauchte dasselbe, was Kant halb spöttisch gesagt hat, nur ganz ernsthaft zu hören, um eben so bei allem Vorbehalt gegenüber seinen Formulierungen etwas sehr Entscheidendes zu hören. Oder hat der Philosoph der reinen Vernunft dem Theologen nicht etwas sehr Entscheidendes gesagt, indem er ihm in aller Trockenheit gesagt hat: ‚*Daß ein Gott sei, beweiset der biblische Theolog daraus, daß er in der Bibel geredet hat*'!?").

58 Als die anregendste Schrift Kants hat die „Kritik der Urteilskraft" Geltung erlangt, und zwar weil sie das *produktive* Vernunftvermögen aufgedeckt habe. Während jedoch dort dieses abstrakt verstandesmäßig entwickelt wird, besteht der durch die RS gegebene Fortschritt darin, daß sich hier die Vernunft „real", d. h. im Wirklichkeitsfeld expliziert und *sich* als geschichtliches, wirkliches „Gegebensein" darstellt. Beide Schriften stehen im Verhältnis von Hinweis auf die produktive Vernunft und deren „praktischem" Vollzug.

als „Religion" ausgearbeitet und dargestellt wird, ist wohl kaum als willkürlicher Griff aufzufassen, vielmehr erklärt sich damit erstmals der mit dem Christentum immer verbundene Wirklichkeitsanspruch. Eine nicht etwa als vernünftige Lehre, sondern als Lehre von der *wirklichen Vernunft* identifizierte christliche Religion erweist sich darum als theoretische Fassung von Wirklichkeit überhaupt, weil letztere ihre sie bedingende Wahrheit allein in der Vernunft besitzt, ohne welche es unmöglich wäre, Wirklichkeit auch nur zu benennen.

Wie sich die Realität der Vernunft zur Weltwirklichkeit gestaltet, ist das Thema der Religionsschrift und nach Kants Meinung zugleich dasjenige des Christentums schlechthin. Und so verstanden mag denn auch von einem kantischen Wahrheitsbeweis für die christliche Lehre gesprochen werden.

2. Der Übergang von der Moral zur Religion als die theoretische Entfaltung von Wirklichkeit

„Moral führt *unumgänglich* zur Religion"[59]. Diesen höchst wichtigen Satz bereitet Kant durch folgende instruktive Überlegung vor: „Setzt einen Menschen, der das moralische Gesetz verehrt und sich den Gedanken beifallen läßt (welches er schwerlich vermeiden kann), welche Welt er wohl durch die praktische Vernunft geleitet *erschaffen* würde, wenn es in seinem Vermögen wäre, und zwar so, daß er sich selbst als Glied in dieselbe hineinsetzte, so würde er sie nicht allein gerade so wählen, als es jene moralische Idee vom höchsten Gut mit sich bringt, wenn ihm bloß die Wahl überlassen wäre, sondern *er würde auch wollen, daß eine Welt überhaupt existiere,* weil das moralische Gesetz will, daß das höchste durch uns mögliche Gut bewirkt werde, ..."[60].

Man braucht diese Denkfigur nicht überzuinterpretieren, und wird doch finden, daß ein Übergang von der Moral zur Religion, der mit dem Willen zur Existenz von Welt begründet wird, der Religion eine Stellung gibt, welche sie weit hinaushebt über ein bloßes Angehängtsein an die Moral. Das die Verwirklichung des höchsten Gutes beschreibende und entwickelnde System der Religion bekommt vielmehr die Qualität, die Realisierung der unter dem Stichwort „Moral" explizierten *Freiheit*, und als solche dann Theorie der Welt und der Wirklichkeit zu sein.

Mit einem Begriff von apart gesetzter „Religion" und einem legalistischen Verständnis von „Moral" läßt sich die kantische Intention freilich nicht erfassen: Die dann einander entgegengesetzten Begriffe sind bei Kant einander im Verhältnis von Ursprung und dessen realer Entfaltung, von Prinzip und Durchführung zugeordnet. Erst in und als Religion gewinnt die Moral Wirklichkeit, wird sie „Welt", ohne diese Entfaltung wäre sie nicht[61].

---

[59] Vorrede zur ersten Auflage, Noack, a.a.O., S. 6.
[60] A.a.O., (Hervorhebung d. Vfs.).
[61] Das schon erörterte Selbstauslegungs-Interesse der Folgezeit zeigt sich gerade auch daran, daß Kant als der „Anfänger" einer auf breite und umfassende „Durchführung" zielenden Entwicklung bei „Moral", also bei dem *Ursprung* von Realität festgehalten und daß gegen seinen bloßen Moralismus die „Realität" der Religion geltend gemacht wird. Dieser Um-

So gesehen gewinnt die kantische Philosophie mit der Religionsschrift eine neue Dimension. Sie entfaltet hier ihr Herzstück, nämlich die Lehre von der menschlichen Autonomie und Freiheit zur Wirklichkeit der Welt.

Die Religionsschrift besitzt ihre Schlüsselstellung daran, daß sie den Weg zu dieser dann im 19. Jahrhundert umfassend durchgeführten Verwirklichung eröffnet und diese in der Theorie schon dargestellt hat [62].

> gang mit der Religionsschrift erweist sich insofern als durch sie selbst bedingt, als er der genannten Verhältnisbestimmung von Prinzip und Entfaltung folgt und als dabei mit dem Religionsthema gerade im Sinne von Realität argumentiert wird.
>
> 62 Es kann nicht strittig sein, daß die Wirklichkeits-Entfaltungen der Religionsschrift – gemessen an denjenigen der Folgezeit – noch wenig realitätsträchtig erscheinen. Sie wirken vielmehr durchaus abstrakt und „dogmatisch", d. h. ihrer *äußeren* Gestalt nach noch kaum unterschieden von den Bildungen der Schuldogmatik.
>
> Entscheidend ist jedoch die Eröffnung eines neuen Weges, in dessen Verfolg sich eben die alleinige Realität der Vernunft über diese ihre erste bewußte Explikation hinaus zu den dann als „undogmatisch" zu empfindenden Wirklichkeiten fortbestimmen wird.
>
> Der Rang des auf dem Wege kantischer Philosophie gestalteten Religionsthemas sei hier vorläufig illustriert durch einen Hinweis auf J. G. Fichte: „Unsere Welt ist das versinnlichte Materiale unserer Pflicht; dies ist das eigentliche Reelle in den Dingen, der wahre Grundstoff aller Erscheinung. Der Zwang, mit welchem der Glaube an die Realität derselben sich uns aufdrängt, ist ein moralischer Zwang" (Über den Grund unseres Glaubens an eine göttliche Weltregierung, 1798, Medicus III, S. 129); „Die übersinnliche Welt ist unser Geburtsort und unser einziger fester Standpunkt, die sinnliche ist nur der Widerschein der ersteren. Du glaubst, du erblickst vielmehr eine Welt, lediglich darum, weil du an Gott zu glauben bestimmt bist" (Appellation an das Publikum, 1799, Medicus III, S. 171f).

II. Christologie als Theorie realer Freiheit

A. Die Bedeutung der Christus-Vorstellung für das allgemeine Problem von Realität

Jene Entwürfe, in welchen die Gestalt Jesu auch nach der Seite ihrer irdischen Existenz in den Bereich der Vorstellung verwiesen wird, begleiten den Weg der neuzeitlichen Theologie untergründig und dauerhaft als eine anscheinend nicht vollkommen auszuscheidende Denkmöglichkeit.

Obwohl diese durch den „Konsens" der exegetischen Forschung der Abwegigkeit überführt und als unhaltbar gekennzeichnet ist, aktualisiert sie sich der Sache nach immer wieder. Und zwar viel weniger über eine partielle unbelehrbare Skepsis, welche sich auf diese Weise aus den denkerischen Schwierigkeiten des „Gott-Mensch"-Dogmas herauszuhelfen versucht, als *vielmehr* über das konstruierende Grundwesen und Verfahren der exegetisch-historischen Wissenschaft selbst. Diese kann im Blick auf ihre Ergebnisse gar nichts anderes als Konstruieren sein. Insofern behalten ihre „Produkte" mit Notwendigkeit stets den Charakter des Vorgestelltseins.

Wenngleich *alle* historischen „Objekte" von diesem Sachverhalt betroffen sind, so zeigt doch gerade die Unablässigkeit, mit der im Zusammenhang der Jesusfrage um die geschichtliche „Realität" gerungen wurde und wird, nicht so sehr die besonderen Schwierigkeiten der betreffenden Quellenlage, als vielmehr deren exemplarische Bedeutung für das Problem von geschichtlicher Realität überhaupt. Blickt man gleichzeitig noch auf die verbreitete Wirkungslosigkeit im Bemühen, das historische Individuum Jesus als solches in eine verbindliche Beziehung zum heute lebenden Menschen zu setzen, so verstärkt sich der Eindruck, daß in der Jesusfrage allgemeinere Fragen zur Verhandlung stehen, als sie im Glaubens-Aufruf an das Individuum unmittelbar zu erkennen sind.

Wenn alle Aussagen über das historisch „Gegebene" dem Denken selbst angehören, dann ist geschichtliche Realität immer eine *gesetzte*. Der Griff nach den „eigentlichen" Tatsachen erreicht nur die dem Vorstellen entspringenden Gestalten. Ob diesen dann eine denk-unabhängige Wirklichkeit entspricht, läßt sich nicht ausmachen, weil sich der Ring des vorstellenden, sich in Vorstellen und Vorgestelltes differenzierenden Denkens nicht durchbrechen läßt.

Angesichts dieses Tatbestandes gibt es offenbar nur die Alternative, *entweder* die Annahme einer unerkennbaren „eigentlichen" — vom Denken unabhängigen — Wirklichkeit zu machen und sie ohne rechte Verbindlichkeit neben der dann doch nur allein relevanten Realität, an welche sich Denken und Handeln gewiesen sehen, einherlaufen zu lassen, — wobei auch diese „eigentliche" Wirklichkeit ein bloßes Postulat, also gleichfalls gesetzt, bleiben muß, — *oder* aber die gedachte, erzeugte

Realität so zu behandeln, als sei sie die einzige Wirklichkeit überhaupt. Es ist deutlich, daß allein der zweite Weg einen produktiven Umgang mit Welt und Wirklichkeit verheißt und ermöglicht. Und nicht von ungefähr fand und findet sich der Kantianismus mit seiner These von der Unerkennbarkeit der Dinge an sich der Kritik ausgeliefert und hegelisch überboten, — bleibt er doch anscheinend in einer Art von fatalem Zwischenbereich stehen, wo die zu lebende Wirklichkeit „nur" vorgestellt und die eigentliche Realität als unerreichbar gedacht ist. Gerade der Denkweg von Kant zu Hegel läßt sich begreifen als das Erstreiten der *Identität* von Vorstellung und Faktum, bzw. als die *Steigerung* jener Vorstellung von Realität *zur Realität selbst,* als das Abstreifen jeden Scheins von Irrealität, welche gerade in der Annahme einer denkunabhängigen Wirklichkeit steckt und welch letztere die einzig verläßliche, weil bekannte und benützbare, Realität des Gedachten mit dem Makel des Relativen versieht.

Wenn die Geschichtswissenschaft ihre Objekte als gegeben voraussetzt, so stellt sie gleichsam die großangelegte und gelingende Gestalt dieses Identisch-Setzens dar. Von einem Gelingen läßt sich insofern sprechen, als sich die voraus*gesetzten* Fakten — trotz ihres deutlich sichtbaren Zustandekommens in der methodisch betriebenen Forschung — als „Realitäten" darbieten und zu verläßlichen Systemen der geschichtlichen Abläufe verknüpfen lassen, ohne daß sie dabei noch vom Bewußtsein ihrer Konstruiertheit begleitet wären. Zwar weist die sich fortschreibende Forschung an ihr selbst, nämlich in Form der sich verändernden Einsichten zum historischen Stoff, noch auf den gesetzten Charakter ihrer Ergebnisse und insofern indirekt auf deren wirkliche Natur hin, doch ist dieses Element in den *Prozeß* des geschichtlichen Forschens hinein aufgehoben und kein *ausdrücklicher* Bestandteil ihrer Selbstdarstellung. Ja, man wird notieren müssen, daß die Identität gerade und *nur* über die „Aufhebung" des Konstruktionsgedankens, über sein Unbewußt-Werden im Prozeß geschichtlichen Argumentierens, hergestellt werden kann.

Insofern läßt sich sagen, daß die geistesgeschichtlich mit dem 19. Jahrhundert zur beherrschenden Denkweise gewordene *geschichtliche* Welterschließung eine Fortentwicklung der kantischen Frage nach der Realität darstellt und daß sie ihren umfassenden Sieg dabei der Steigerung des Gedachten zur Wirklichkeit verdankt, also der Auflösung einer jenseitigen „eigentlichen" Wirklichkeit in die gedachte hinein, genauer: der prozeßhaften Identifizierung jenes *Gedankens* einer denkunabhängigen Realität mit den sie beschreibenden Vorstellungen, — nicht aber dem vermeintlichen Zugang zu einer „puren" Faktizität.

In verschränkter, d. h. nicht expliziter Weise stellt das System des Geschichtsdenkens damit eine allgemeine Theorie der Realität dar, deren besonderes Merkmal es ist, nur über die unaufhörliche Vermittlung von Denken und „Wirklichkeit", also im Prozeß des Erzeugens, im unentwegten Erschaffen von „Gegenständen" zu gelingen.

Eine *Theorie* von Wirklichkeit überhaupt verdient das Geschichtsdenken genannt zu werden, weil sich seine Leistung nicht im Sicherstellen von historischen Tatsächlichkeiten erschöpft. Deren Bestimmung stellt vielmehr eine Art von notwendigem Umweg dar, in dessen Verfolg das Denken *seine* eigene generelle *Realitätsmächtigkeit* veranschaulicht, bzw. unter Beweis zu stellen sucht. Als unendlicher Prozeß vollzieht es sich, weil jede seiner in die Objektivität entlassenen einzelnen Setzungen als „Festes" gerade die lebendige *Realität des Konstruierens* nicht mehr auszusagen vermag. Und daraus erhellt, daß die sich im Geschichtsdenken explizierende Realität diejenige der freien Tätigkeit der Vernunft ist, welche ihre Wirklichkeit nur im Setzen, bzw. in der Steigerung ihrer selbst zu Wirklichkeiten erfährt. Das „Faktum" stellt gleichsam das immer neue Siegel auf die Realität der Vernunft dar.

Geht es aber im Geschichtsdenken immer nur mittelbar um die *historischen* Tatsächlichkeiten, dann braucht die Bestimmung der Fakten als „Vorstellungen" nicht zu irritieren oder gar zu schrecken. Sie ist dann im Gegenteil als das erklärte Ziel und Wesen des Geschichtsdenkens auszumachen, indem allein das Gelingen eines sich zur Wirklichkeit steigernden Denkens, das „Finden" einer Realität, die im *Denken* ihren Ursprung nimmt, dem Realitätsanspruch freier Konstruktion Genüge tut und die reale Macht freier Tätigkeit zeigt. Damit gibt sich das geschichtliche Denken und Forschen aber seinem Wesen nach als eine Theorie über das Gegebensein, die Realität von Freiheit zu erkennen.

Eine explizite Untersuchung des Geschichtsdenkens liegt naturgemäß außer Reichweite dieser einleitenden Feststellungen. Die umrißhafte Skizze will zunächst auch nur als Hinführung zu dem Punkt verstanden sein, an welchem das geschichtliche Denken mit der historischen Jesusfrage koinzidiert, an welchem sich von einer *exemplarischen* Bedeutung derselben für das Problem von geschichtlicher Realität überhaupt sprechen läßt. Und sie will zugleich den verkehrten Gegensatz bezeichnen, in welchen sich eine Erörterung der Jesusfrage dann verstrickt findet, wenn sie sich einer nicht durchschauten Polemik gegen den Vorstellungsbegriff ausliefert: Indem als das Herzstück des Geschichtsdenkens die Sicherstellung der Freiheitsrealität ausgemacht ist, kann auch die Jesusfrage dann noch, bzw. dann erst eigentlich nach ihrer generellen Bedeutung gewürdigt werden, wenn die in ihr zur Verhandlung stehende Realität nur mittelbar diejenige des „historischen" Jesus ist.

Die exegetische Abwehr des „Verdachtes", auch der geschichtliche Jesus sei „nur" ein Produkt der Vorstellung, läßt sich dann nämlich als Streit um die Realitätsmächtigkeit des Vorstellens begreifen, nicht aber als die Diskreditierung der vorstellenden Vernunfttätigkeit überhaupt[1]. Mit größerem Recht wird im Gegenteil gesagt werden

---

[1] Die eingangs genannten Entwürfe, welche auch den irdischen Jesus in das Reich der Vorstellung verweisen – zu nennen sind hier insbesondere B. Bauer: Christus und die Caesaren, Berlin 1877, A. Drews: Die Christusmythe, Jena 1910 –, waren darum von der Theologie leicht zu überwinden, weil sie eine deutliche Inkonsequenz in sich tragen: Sie bringen den Vorstellungsbegriff nur *partiell* in Anschlag. Während sie sich der gebotenen Realitätssicherung durchaus verpflichten, indem sie etwa eine antike Welt als Nährboden des frühen Christentums real konstruieren, versammeln sie das Bewußtsein der dabei waltenden Konstruktion allein auf die *historisch* genommene „Fiktion" Jesus. Das bedeutet aber, daß das Vorstellen nun selber historisiert und das konstruierende Subjekt zum Faktum wird, wodurch der kontinuierliche Prozeß der vorstellenden Tätigkeit zum Stillstand gebracht ist. Anders gesagt: diese Entwürfe erreichen nicht die Radikalität theologischer Christologie, welche den realitätsbildenden Vorgang des Vorstellens von Geschichte so reflektiert, daß Vorstellung und Realität notwendig ineins fallen.

müssen, daß in diesem Streit das *Vorstellen* als dasjenige Gebiet erwiesen wird, auf dem allein sich Denken und Wirklichkeit gerade *einen*[2].

Wie sehr die Bemühung des Geschichtsdenkens in Gestalt der Konstruktion *vergangener* Wirklichkeit auf die Sicherstellung *aktueller* Realität ausgerichtet ist, wird nirgendwo augenfälliger als in der Art und Weise, wie die theologische Wissenschaft das Problem des historischen Jesus behandelt: Indem im Zusammenhang seiner Erörterung die Frage der Gegenwartsbedeutung des Faktums ausdrücklich thematisiert wird, ist eben die Jesusfrage für den Grundvorgang durchsichtig, daß vergangene Realität um der gegenwärtigen willen „gebildet" wird. Weil in ihr nicht nur ebenso verfahren ist, wie bei der geschichtlichen Konstruktion im allgemeinen, sondern mit der Reflexion auf die „Heilsnotwendigkeit" des vergangenen Geschehens gleichsam auch noch der *Grund* für die Realität erörtert wird, welche im Geschichtsdenken gewonnen wird, übertrifft sie dieses im Themenbestand. Sie erweist sich damit nicht nur als ein exemplarischer Fall des Geschichtsdenkens, sondern vielmehr als dessen allgemeinste, weil prinzipielle Fassung. In ihr zeigt sich, daß die Realität des Gegenstandes die notwendige Bedingung ist für die sich als Realität begreifen wollende Tätigkeit der

---

Theologie wehrt den in diesen Entwürfen erhobenen Einwand des Fiktiven deshalb zu Recht und erfolgreich ab, weil das vorstellende Subjekt ein gegenwärtiges und nicht ein vergangenes ist. Insofern vermag sie auch die dort gesetzte Geschichte in ihren prinzipiellen Vorstellungsbegriff einzubeziehen und jene Entwürfe somit entscheidend zu überbieten. Sie läßt nicht die „Vorstellung" aus einer historisch gegebenen Realität, sondern umgekehrt alle Wirklichkeit aus dem aktuellen Vorstellen hervorgehen. Und damit trägt sie dem Sachverhalt Rechnung, daß Freiheit sich allein in Gestalt von Tätigkeit „gegeben" ist.

Wollte man die Entwürfe geistesgeschichtlich würdigen – was hier nicht die Aufgabe ist –, dann vermöchte man in ihnen wohl ein Aufkeimen des Bewußtseins vom Konstruiertsein aller Geschichte zu erblicken. Ihre Halbheit läge aber darin, daß in ihnen das prinzipielle Problem, welches die Jesusfrage darstellt, auf der positiven, geschichtlichen Ebene verhandelt ist. Sie finden ihre Überbietung in der totalen Christologie des 20. Jahrhunderts, welche das Geschichtsdenken radikal transzendiert. Ihr untergründiges Fortleben würde dann nur anzeigen, daß die Theologie selbst dem – allerdings durch Radikalisierung ins Positive gewendeten – Vorstellungsbegriff einen zentralen Ort zugesteht.

2 Über das Verhältnis von „Vorstellung" und „Begriff" wird im Hegel-Kapitel (III) zu sprechen sein. These dieser Arbeit ist, daß der „Begriff" als Theorie-Element selbst auf der Ebene des Vorstellens bleibt, sich diesem also nicht prinzipiell entgegensetzen läßt. Begreifen und Vorstellen, beide haben ihr „Leben" in der Anstrengung, die Kluft zwischen Theorie und Praxis zu schließen, d. h. die Konstruktionen des Denkens zu Realitäten zu steigern. Die durchgängige Weigerung der Theologie, den „Begriff", wie er in der Philosophie vorliegt, als eine erschöpfende Fassung von Wirklichkeit anzuerkennen, weist auf einen Überbietungsversuch hin: Ihr Bestehen auf der Realität der *Vorstellungen* könnte als Bemühen zu werten sein, die lebensvolle Wirklichkeit des Denkens selbst so in ihre „Theorie" einzubringen, daß diese „lebt", d. h. den Gegensatz zwischen spekulativer Theorie und eigentlicher Praxis in sich überwindet.

Wohl wird sich zeigen, daß eben dies die Intention von Hegels „Begriff" gewesen ist, doch harrt die nach Hegels Tod erfolgte allgemeine Abkehr von der Spekulation einer Erklärung, welche gleichzeitig aufdeckt, weshalb Theologie trotz ihres angeblich dauerhaften Verbleibens auf der Ebene des vorstellenden Bewußtseins der breiten und umfassenden Wirklichkeits-Zuwendung der Neuzeit mit einem generellen Wahrheitsanspruch zur Seite zu bleiben vermochte.

freien Konstruktion. Dies geschieht aber ausdrücklich so, daß aus dem realen Vollzug dieses Vorstellens nicht herausgetreten wird, weil im Augenblick, da dies geschähe, die eigene Teilnahme an der Wirklichkeit verspielt, d. h. nicht in dieser Theorie von Wirklichkeit enthalten wäre[3].

Wenn also an der Realität des historischen Jesus von der Theologie ausdrücklich und unabdinglich festgehalten wird, so ist damit nicht eine widervernünftige und undurchschaute These, ein blinder Glaube, verfochten. Vielmehr wird auf dem Boden der sich wissenden Vernunft *bewußt* agiert: Aufgehoben wird ein beschränkter Vorstellungsbegriff, welcher die Tendenz besitzt, Denken und Wirklichkeit als geschiedene Bereiche zu verstehen. In der Christologie, deren wesentliche neuzeitliche Gestalt nicht zufällig die sogenannte Frage nach dem historischen Jesus ist, wird die für den allgemeinen Umgang mit Welt grundlegende Steigerung des Denkens zu Realitäten prinzipiell ausgearbeitet und gewonnen, und zwar durch eine Radikalisierung des Vorstellungsbegriffs: *Alle* Realität ist vorgestellt, jedoch so, daß *gerade im Vorstellen* aller Schein getilgt wird, als gebe es auch jenseits des Denkens noch „Wirklichkeit".

Das Reden von einer „eigentlichen" Wirklichkeit ist dann zu begreifen als die Reflexion der Theologie auf ihr eigenes Theoriesein, auf ihr darin bestehendes Unterschiedenbleiben von der umfassenden, nichtwissenschaftlichen Lebenswirklichkeit. Eben diese Schranke übersteigt sie dann bewußt mittels der Glaubensforderung: Indem sie auf der Notwendigkeit des Mitvollzugs der Christusanschauung besteht, kann sie dem Glaubenden die Teilnahme an der „eigentlichen" Wirklichkeit verheißen. Dieser Mitvollzug, den Theologie ihrerseits um ihrer eigenen Teilnahme an Praxis willen in der immer neuen „Vorstellung" Jesu unternimmt, ist der symbolische Ausdruck für das sich zur Wirklichkeit machende Denken, denjenigen Prozeß, der sich als Realität-Bilden überall und überhaupt vollzieht[4].

So verstanden bleibt die Christologie keineswegs hinter dem „Wissen" der Philosophie zurück. Sie sucht vielmehr dieses darin zu *überbieten,* daß sie seine Reali-

---

3 Eine entlegene Bemerkung von E. Hirsch, der sich im übrigen mit Leidenschaft um die Sicherung gerade des geschichtlichen Jesus bemüht hat (vgl. u. a. Jesus Christus der Herr, Göttingen 1926; Frühgeschichte des Evangeliums, Tübingen 1941), gibt interessanten Einblick in diesen Sachverhalt bzw. die Interessen und Konstruktionsprinzipien der modernen Jesusfrage und veranschaulicht eindrucksvoll den hier zu bezeichnenden Zusammenhang. Im Novalis-Kapitel der Geschichte der Theologie (IV, S. 442f) schreibt er: „Novalis ist viel zu klug, um nicht zu sehn, daß für ihn auch Jesus nur Symbol ist. Aber, so weiß er auch, daß die Kraft der christlichen frommen Empfindung daran hangt, die Grenze dieses Vorbehalts *zu vergessen*" (Hervorhebung d. Vfs.).
4 Eine komplexe Materie wie die Christologie kann durch die Hervorhebung der genannten Aspekte freilich nicht erschöpfend zur Darstellung kommen. Gegen eine entsprechende Vermutung stünde die hier vorgetragene Interpretation selbst, welche den Stoff mit dem *unendlichen* Thema der Wirklichkeit in Zusammenhang bringt. Die akzentuierten Elemente wären durch Nennung *anderer* Gehalte aus eben dieser „Unendlichkeit" entsprechend leicht zu problematisieren, doch kommt es für den Gang der Argumentation einstweilen nur darauf an, die bezeichneten Intentionen als in der Christologie jedenfalls *auch* enthalten zu erkennen.

tätsmächtigkeit mitthematisiert. Von einem „Vergessen" (vgl. Anm. 3) kann dabei nur so gesprochen werden, daß dies nicht als das Unterdrücken von wahrer Einsicht aufgefaßt ist, sondern als das Wegarbeiten der Differenz von Wissen und Wirklichkeit: Bewußt vergessen *gemacht* wird der Schein, als handle es sich bei der konstruktiven Tätigkeit des Denkens um ein realitätsfernes *Fingieren*. Das Wissen der Philosophie kommt in der Christus-Vorstellung in seine Wahrheit, indem seine Teilnahme an der Realität zum Gegenstand wird. Im Umgang mit Welt ist es eine Existenzfrage, über die Scheinwelt des Fiktiven oder Spekulativ-Unverbindlichen hinauszugelangen [5].

B. Die Einheit von Denken und Wirklichkeit in den Vorstellungen der Religionsschrift

Das spannungsreiche Verhältnis zwischen entwerfendem Denken auf der einen und „bestehender" Wirklichkeit auf der anderen Seite, welches schon immer den eigentlichen Kardinalpunkt der alle Gebiete von Politik, Wissenschaft und Kunst umgreifenden abendländischen Gesamtanstrengung gebildet hat, empfing durch Kant seine noch immer nicht überbotene theoretische Fassung. Was sich der praktischen Erfahrung längst dargeboten hatte als eine aus realisierten Intuitionen hervorgehende fortwährende Veränderung des Wirklichkeitsbildes, das erfuhr in der kantischen Philosophie eine zutiefst plausible, da diese Erfahrung bestätigende Erklärung: Es ist das *Denken*, welches der Natur die Regel und der Wirklichkeit das Gesicht gibt. Und darum kann eine Identität von Denken und Realität auch nur auf dem Fundamente des Denkens ausgesagt werden.

Diese Erklärung hat so tief eingeschnitten in das Wirklichkeitsbewußtsein, daß an ihr gemessen alle versuchten Identitätssysteme der Folgezeit bloße Versicherung geblieben sind, sofern sie – etwa auf der Basis von „Geist" oder „Natur" – eine andere, objektive Identität haben unter Beweis stellen wollen. Nicht zuletzt die auf das nachprüfbare Experiment gegründete Naturwissenschaft ist es, welche den geschichtlichen Sieg der allein im *Denken* gegründeten Identität belegt.

Daß auch die beschriebene „Realisierung" der Theologie diesem Ansatz verpflichtet ist, ergibt sich indirekt aus der überraschenderweise nicht abreißenden Beschäftigung mit der kantischen Religionsschrift, insbesondere mit deren christologischem Komplex. Wenn die theologische, auf historische Realität ausgerichtete Jesusfrage der kantischen Christologie nicht zutiefst verwandt wäre, könnte nicht eingesehen werden, weshalb die Theologie eine der ihren äußerlich entgegengesetzte Figur unentwegt dem Vergessen entreißen sollte. Denn die von Kant ausgebildete Christo-

---

[5] Die hier vorgenommene Kennzeichnung der Christologie ist flächig. Sie vernachlässigt um der Hervorhebung des Grundthemas willen vorerst den Tatbestand, daß sie selbst eine reiche Geschichte besitzt. Es soll sich noch zeigen, daß eben die Abfolge von Entwürfen zur Christusfrage begriffen werden kann als eine Geschichte des Realitätsproblems selbst. Ihre Wandlungen stellen jeweils die unter den Bedingungen der Zeit mögliche Gestaltung dieses Problems dar.

logie entwickelt sich geradezu als der Gegentypus: Statt eines „Vergessenmachens" der Vorstellungstätigkeit im konkreten historischen Faktum erfolgt in ihr das „Vergessen" des geschichtlichen Realgrundes. Kants Christus ist bis in die Wurzel hinein Idee, bzw. Ideal, dessen Realität in der aktuellen Bildung besteht und das sich nicht zur vergangenen Gestalt materialisiert.

Zum Verständnis dieser dauerhaften — wenngleich indirekten — Belebung von Kants Position reicht der Hinweis auf das Bedürfnis nach Vollständigkeit der theologiegeschichtlichen Darstellung kaum aus[6]. Vielmehr scheint ihr eine verborgene *Übereinstimmung im Realitätsprinzip* zugrunde zu liegen, welche es vermag, sogar die äußerlich gegenläufigen Manifestationen desselben zu überbrücken bzw. zu nivellieren.

Eine solche Nivellierung zeigt sich etwa darin, daß Kant von seiten der theologischen Interpretation durchgängig der seinem „Ideal" zugrunde liegende historische Jesus gleichsam „zugute" gehalten wird. Dieser sei zwar mehr oder weniger bedeutungslos, doch werde er immerhin als geschichtlicher Ausgangspunkt eingeräumt[7].

---

[6] R. Slenczka (Geschichtlichkeit und Personsein Jesu Christi, Göttingen 1967, S. 43) urteilt beispielsweise: „In der Geschichte der historischen Jesusfrage kann auf diesen Standpunkt nicht verzichtet werden. Weder Schleiermacher noch D. F. Strauß, aber auch A. Ritschl und W. Herrmann können ohne diese theologie- bzw. geistesgeschichtliche Voraussetzung richtig verstanden werden." Es ist nicht recht einzusehen, weshalb diese Liste mit Herrmann abbricht. Angesichts der eminenten Nachwirkung aller Genannten ließe sie sich ohne weiteres bis in die unmittelbare Gegenwart fortschreiben. Dann würde allein schon daran deutlich hervortreten, daß die Repräsentanz dieses „unverzichtbaren Standpunktes" nicht allein auf theologiehistorisches Verständnis zielt, sondern der Selbstdarstellung neuzeitlicher Theologie und der Exposition ihrer Christologie unmittelbar zugehört.

[7] So kann etwa Slenczka (a.a.O.), nachdem er den kantischen Christus zutreffend als „Urbild, Vorbild und Beispiel nicht in der Eigenart und Wirkung einer historischen Person, sondern als die in der menschlichen Vernunft real existierende Idee" beschrieben hat, dennoch sagen, daß „bereits in den Anfängen der historischen Jesusforschung eine nicht zu unterschätzende (!) Position begegnet, in der *keineswegs die Geschichtlichkeit Jesu geleugnet* wird" (Hervorhebung d. Vfs.). Eine gleichgerichtete Darstellung gibt Troeltsch (a.a.O., S. 72). Auch E. Hirsch läßt den historischen Jesus durch Kant nicht angetastet sein: „Es treten also völlig auseinander Jesus der erhabene Morallehrer und der Gottmensch als der Erlöser und Versöhner. Der eine ist allein durch den Gehalt seiner Lehre und daneben noch als Beispiel, an dem wir das Urbild Gott wohlgefälligen Menschentums erahnen, auf unser moralisches und religiöses Bewußtsein bezogen. Der andere ist, aus dem Geschichtsglauben ins Rationale übersetzt, die sinnbildliche Darstellung des wichtigsten mit dem moralischen Glauben sich verbindenden Ideenkreises" (Geschichte IV, S. 328). K. Barth hat in seiner Theologiegeschichte (Zürich 1947, S. 256) hervorgehoben, daß Kant „der Name Jesus oder Christus, soweit ich sehe, nie aus der Feder geflossen ist". Obwohl diese Beobachtung seither zu einer Art Topos geworden ist (vgl. u. a. F. Delekat: I. Kant, Heidelberg 1966², S. 367; Slenczka, a.a.O.; J. Moltmann: Der gekreuzigte Gott, München 1972, S. 92), wurde dies Vermiedensein des Namens gerade nicht als Hinweis auf das besondere Wesen dieser Christologie beim Wort genommen, sondern nur immer zum Anlaß für vervollständigende Eintragungen. Selbst Delekat, der die kritischste Darstellung gibt, indem er Kant „in die Richtung des Doketismus" stellt (a.a.O., S. 353), nivelliert wieder allein dadurch, daß er diese Christologie im dogmengeschichtlichen Kontext der Lehre von der „Person Jesu Christi" abhandelt.

Kants Darstellung bietet für eine solche Interpretation keinen direkten Anlaß, — es sei denn, man folge ihm auf dem Weg, auf welchem der historische Jeus als geschichtlich konkretisierte, als *realisierte* Vorstellung behandelt wird. Dann freilich ließe sich das bezeichnete Nivellieren verstehen als eine konsequente Fortbildung kantischer „Christologie": Im Aufnehmen der von Kant gestellten Aufgabe, Vorstellungen zu Realitäten zu steigern, „steigert" man im Rahmen des textlich Möglichen auch sein „Ideal" zur historischen Wirklichkeit. Die dauerhafte Reproduktion dieser Christologie-Gestalt wäre dann ein Indiz für die verborgene Abhängigkeit der gesamten neuzeitlichen Jesusfrage vom kantischen Ansatz.

Um diese Frage entscheiden zu können, bedarf es nun einer Erörterung des Realitätsprinzips, wie es in der Religionsschrift vorliegt.

1. Kants Bezugnahme auf Galilei

Ein heute vielfältig zur Parole gemachter und darum überwiegend positiv gefärbter Aufklärungs-Begriff ist dazu angetan, das Bild des 18. Jahrhunderts einseitig zu vergröbern: Hell überstrahlt er die erheblichen Schwierigkeiten, denen sich damalige Autoren gegenüber sahen, sofern sie etwa grundlegend neue Anschauungen zum Thema der Religion geltend machen wollten. In ein sachgerechtes Bild der deutschen Aufklärungsepoche gehört wesentlich hinein die Erinnerung an umständliche Winkelzüge, an das Inkaufnehmen von persönlichen Opfern und an vorsichtige literarische Verschlüsselungen. Hinweise auf die Umstände, unter denen die Reimarus-Fragmente veröffentlicht wurden, oder auf die Konsequenzen des Atheismusstreites für Fichte können die gegebenen Schranken schlaglichtartig beleuchten. Je einschneidender neue Einsichten den geltenden Einverständnissen gegenübertraten, desto gefährdeter sind ihre Urheber auch gewesen, — ein Sachverhalt, der sich umso leichter vergißt, als in Deutschland scheinbar nur „milde" Formen von Aufklärertum entstanden sind, welche sich entweder ohne große Anstrengung den staatlich und kirchlich anerkannten Lehren assimilieren oder auf das vermeintlich nur die Gelehrten betreffende Gebiet der Philosophie eindämmen ließen.

Die von Kant getroffenen Anstalten, sich gegen den Einwand von Übergriffen auf das Gebiet der Kirchenlehre abzusichern, illustrieren die Behinderungen hinlänglich. Andererseits sind sie aber auch ein Indiz für sein weitreichendes Vorhaben, das dem Ansatz nach den üblichen rationalen Umdeutungen nicht vergleichbar ist und das darum in erhöhtem Maße auf vorsichtige Verschränkungen angewiesen war. Wie gründlich diese Verhüllung gelang, zeigt nicht allein das dauerhafte Schema von einer — trotz Kant — nur milden Aufklärung, sondern vor allem die Tatsache, daß die im eigentlichen Sinne revolutionäre Bedeutung der Religionsschrift bis heute unaufgedeckt geblieben ist, obwohl sich seither keine Theologie ausgebildet hat, die nicht in ihrer Nachfolge stünde[8].

---

[8] Zusammenfassende Argumente für diese weitgehende These in Kap. IV.

Ein gegenwärtig abgegriffener, dazu sachlich eingeengter Revolutionsbegriff erscheint freilich wenig geeignet, den tiefgreifenden Wandel auszudrücken, den die Religionsschrift eingeleitet und heraufgeführt hat. Hier nämlich gilt es, einen „stillen" Prozeß ins Auge zu fassen, dessen nachhaltige Wirkung nicht zuletzt gerade dadurch bedingt ist, daß er ohne das Pathos und Etikett des Revolutionären ablaufen konnte. Nur ein großes Maß an Verborgenheit hat ihm die ungestörte Entfaltung und eine sich im unscheinbaren Widerspiel von Zustimmung und Abgrenzung vollziehende breite Rezeption gesichert[9]. Die *Verhüllungen*, die Kant dem Unternehmen mitgegeben hat, erweisen sich als wesentlicher Bestandteil der Sache selbst, die dadurch nichts von ihrer einschneidenden Bedeutung einbüßt, sondern eine solche überhaupt nur *in* ihnen erlangen konnte[10]. Damit sind aber auch die Schwierig-

---

[9] Gegenüber der Religionskritik des 19. Jahrhunderts hat sich theologischerseits eine um vieles härtere Front ausgebildet, als dies im Verhältnis zu Kant jemals auch nur denkbar gewesen wäre. Dieser Sachverhalt scheint zu belegen, daß Kant eine um vieles gemäßigtere Bestimmung des Religionsthemas gegeben hat. Immerhin bleibt beachtenswert, daß sich bei ihm Erklärungen finden, die in keiner Weise hinter dem Grundimpuls der Religionskritik zurückstehen, ohne jemals von der Polemik besonders hervorgehoben worden zu sein. (Man vergleiche etwa die Anmerkung darüber, daß ein jeder Mensch sich „einen Gott machen müsse", RS, S. 188). Nimmt man hingegen an, daß in der Religionsschrift ein grundsätzlicherer, wenn man will „radikalerer" Standpunkt ausgeführt ist, dann ergibt sich für den kritischen Umgang mit der Religionskritik nicht nur die einleuchtende Erklärung, daß eine nur halb durchgeführte Position, welche in die theologisch unannehmbare Differenz zwischen Theorie und Wirklichkeit hineinführt, zu Recht im Bewußtsein des vollständigeren Besitzstandes zurückgewiesen wird, sondern auch ein plausibler Grund für die leichte Selbstbehauptung der Theologie gegenüber allen „Enthüllungen" von vermeintlichen „Illusionen". Die Überlegenheit der auf Kant fußenden Theologie wäre dann zu suchen in Richtung auf die in ihr gehütete *Einheit* von Denken und Wirklichkeit.

[10] Von E. Troeltsch stammt die These, daß die RS wegen ihrer eingehenden Berücksichtigung der Zensurvorschriften „in Kants wirklichem Sinne erst durch starke Abzüge verstanden werden kann" (a.a.O., S. 60). Entsprechend hat er versucht, einen solchen Kern im Substraktionsverfahren herauszuschälen. Wie richtig diese Anschauung auch ist, sofern sie auf dem Gespür für eine weitreichende Absicht Kants und besondere Vorsichtsmaßnahmen beruht, so wenig wird sie doch der Klarheit des Buches gerecht. Die Widersprüchlichkeit der Exposition von Troeltsch zeigt sich etwa daran, daß *einerseits* eine Erhebung des „wirklichen Sinnes" *am Text* für möglich gehalten wird („Im Ganzen aber wird doch die Auffassung des Buches nicht allzusehr beeinträchtigt durch diese Winkelzüge, zu denen eine borniert Pfaffenwirtschaft und sein korrekt-legitimistischer Sinn den souveränen und alle diese Menschlichkeiten mit beißender Ironie betrachtenden Denker genötigt haben", S. 49), *andererseits* aber behauptet ist, Kant habe die „rein wissenschaftliche oder die das Ganze der Religion deduzierende Theologie ... *für sich* behalten" (S. 50/51).

Die Unterstellung einer „Kompromiß"-Absicht, die sich auf die Verbindung von Religionsphilosophie und gegebener Theologie „nur" im Sinne eines zeitlichen Übergangs eingelassen haben soll (S. 51f) und die Wesentliches verheimliche, rückt die Kantische Position einseitig in das Licht rationalistischer Religionskritik und gestattet gerade nicht eine Erklärung jener stillschweigenden Rezeption Kants, welche die neuzeitliche Theologie in den überlegenen Besitz all der kritischen Elemente gebracht hat, welche ihr später in der Religionskritik isoliert und daher unwirksam entgegentreten sollten. Die Annahme eines Kompromisses geht von dem ohnehin irreführenden Gegenüber zwischen Dogmatik und Philosophie aus; das Unternehmen Kants aber ist gerichtet auf die Beziehung zwischen

keiten angedeutet, die einer Interpretation entgegenstehen, welche dieses „revolutionären" Durchbruchs ansichtig werden möchte.

Als die Religionsschrift 1792 in der Berliner Monatsschrift zu erscheinen begann, jährte sich der Todestag des *Galileo Galilei* (1564–1642) soeben zum 150. Male.

Wie reizvoll es auch sein würde, die Religionsschrift deswegen als ein heimliches Gedächtnis-Buch für den von der Inquisition verfolgten Astronomen betrachten zu können, – eine entsprechende Annahme müßte die Grenzen des Wißbaren erheblich überschreiten, ohne dabei mehr als eine historische Reminiszenz zu erbringen [11].

Größere Aufmerksamkeit verdient der Umstand, daß Kant in *sachlicher* Hinsicht einen Vergleich zwischen dem Unternehmen *Galileis* und seinem eigenen andeutet, der ihm offenbar wichtig war; denn er findet sich in beiden Entwürfen zur Vorrede und ist dann modifiziert in diese selbst übernommen [12]. Die scheinbare Beiläufigkeit dieser Anspielung findet ihr Gegengewicht daran, daß schon das Aussprechen des Namens – und nur darum handelt es sich – hinreichte, um alle geläufigen Assoziationen zu dem historischen Streit zwischen Kirche und freier Wissenschaft in der gewünschten Deutlichkeit wachzurufen. Kant zielt denn auch in besagtem Zusammenhang auf eine Warnung vor einer „Demütigung des Stolzes der Wissenschaften". Und bis auf den heutigen Tag ist jedem Leser dabei in erster Linie vor Augen die Auseinandersetzung mit der preußischen Zensurbehörde.

Diese Streitlage allein würde die historische Analogie freilich kaum rechtfertigen. Wenn man der Todesgefahr des Galilei den Tatbestand gegenüberstellt, daß Kant die Druckerlaubnis für die in Jena erscheinende Monatsschrift nicht einmal hätte einzuholen brauchen [13] und daß er die Schrift dann unbehelligt veröffentlichen durfte, könnte sie eher als unangemessene, ja sogar unbescheidene Übertreibung erscheinen.

Da Kant der Parallele dennoch spürbares Gewicht beimaß, wird zu fragen sein, ob sie eine weitere Sachentsprechung enthält, welche verborgenerweise ihren eigentlichen Sinn ausmacht und vielleicht den unentbehrlichen Schlüssel zu dem Buch

---

Wirklichkeit und ihrer theoretischen Fassung, auf ein ganz anderes Verhältnis also, in welchem jenes Gegenüber gerade aufgehoben wird und die Rede von einem Kompromiß jeden Sinn verliert.

11 Eine solche Annahme müßte z. B. gestützt werden auf Wahrscheinlichkeiten wie die, daß die RS für das Jahr 1792 zurückgehalten worden sei, wofür Diltheys Vermutung benutzt werden müßte, „daß die Aufsätze über das Christentum anscheinend schon seit längeren Jahren (!) teilweise ausgearbeitet worden waren" (Unter Berufung auf einen Brief Kants an Biester in W. Dilthey: Der Streit Kants mit der Zensur, in: Gesammelte Schriften IV, S. 290). Allerdings ließe sich ein Zögern bei der Veröffentlichung auch als Maßnahme der Besonnenheit erklären, das – eine wirklich revolutionäre Absicht der RS unterstellt – von ferne erinnern würde an das „4 mal 9 Jahre" währende Zögern des Kopernikus, der sein Hauptwerk bekanntlich erst am Lebensende herausgab (nämlich 1543, genau 250 Jahre vor Kants Religionsschrift).

12 Vgl. Noack, a.a.O., S. XCV und C, und Vorrede S. 9.

13 Dazu W. Dilthey, a.a.O.

darstellt. Eine solche Entsprechung wird weder in der Hervorhebung der Prozeßgeschichte Galileis, noch in dessen naturwissenschaftlichen Einsichten als solchen zu suchen sein, sondern sie wird liegen in der unverwechselbaren Tat Galileis, die erst zum Inquisitionsverfahren führte und die seinen Nachruhm im Grunde allein ausmacht [14].

Diese Tat läßt sich beschreiben als die *„Realisierung"* der kopernikanischen *„Hypothese"* [15], als die versuchte Durchsetzung eines „erdachten" Weltbildes gegenüber dem schöpfungsmäßig „gegebenen", — denn nicht anders wurde der Streit auf seiten der Kirche empfunden und geführt: als die Auseinandersetzung zwischen einem subjektiv-willkürlichen Denkgebilde und der objektiv-wahren Ordnung.

In zweifacher Hinsicht läßt sich diese „Realisierung" kennzeichnen: *Einmal* handelte es sich um die wissenschaftsimmanente Durchformung der heliozentrischen These. Mittels neuer astronomischer Entdeckungen erreichte die kopernikanische Theorie jetzt jenen Gewißheitsgrad, der es gestattete, sie als erwiesen und als der „Wirklichkeit" gemäß zu erachten. Die „Objektivität" dieser neu gefundenen Wirklichkeit hat sich — wie übrigens bei allen naturwissenschaftlichen Weltbeschreibungen — in der Folgezeit als so außerordentlich fest erwiesen, daß es kaum mehr möglich ist, den Theorie-Ursprung dieses Systems als solchen zu erkennen oder zu behaupten. Gleichwohl handelt es sich dabei um ein „verwirklichtes" Gedankenexperiment, um die Objektivierung einer Hypothese, um „Festlegung" von Wirklichkeit. Der Verstand verdichtet Beobachtungen für seine Zwecke synthetisch zu Gesetzen und gibt sich mit ihrer Hilfe eine objektive Welt.

Zum *andern* handelte es sich bei der Wirksamkeit des Galilei aber um ein Überschreiten der Wissenschaftsgrenzen im engeren Sinne. Der Astronom unternahm es, der heliozentrischen Theorie zur *allgemeinen* Anerkennung zu verhelfen, d. h. er betrieb die Revision des sanktionierten Weltbildes. Und in der Hauptsache dieser Vorgang ist es, der als „Realisierung" in unserem Zusammenhang interessiert. Mit dem Versuch, die herrschende Welttheorie streitend abzulösen, trat in der Geschichte ein fortan bestimmendes neues Element hervor: das sich steigernde Bewußtsein von der schöpferischen Verstandeskraft, welche stark genug ist, allgemeine Verbindlichkeiten zu erzeugen und durchzusetzen. Obwohl die heliozentrische Theorie keinen entscheidenden Glaubenssatz berührte, stellte sie unter den Bedingungen der Zeit eine latent religionskritische Macht dar und wurde nicht von ungefähr indiziert und ihr Verfechter zum Widerruf gezwungen. Denn indirekt besagte die neue Welterklärung nichts Geringeres, als daß alle Weltdeutung, also auch die des Christentums, „gemacht" ist, mochte zunächst auch nur ein für den Glauben nach heutigen Begriffen bangloses Stück des Konstruiertseins überführt sein.

---

14 Vgl. zum Folgenden die zusammenfassende Darstellung von Johannes Hemleben, Galileo Galilei, Hamburg 1969 (rm 156).

15 Bekanntlich hatte die Vorrede des A. Osiander zu „De revolutionibus..." die Entdeckungen des Kopernikus zur „Hypothese" stilisiert und ihnen damit den Weg in die Öffentlichkeit und die (erst im Zusammenhang der Verfahren gegen Galilei widerrufene) stillschweigende Duldung durch die Kirche gesichert.

Wenn Kant sich auf Galilei bezog, so dürfte dies mit dem Bewußtsein geschehen sein, nicht nur ein ähnliches Werk zu vollbringen, sondern das von diesem begonnene zum folgerichtigen Abschluß zu führen. In der Religionsschrift nämlich wird die im Galilei-Prozeß nur indirekt vorhandene Einsicht vom Gemachtsein aller Weltdeutung auf die christlichen Hauptlehren selbst angewandt, das Zustandegekommensein aller, auch der wichtigsten Glaubensinhalte durch ihre Rekonstruktion aufgedeckt. Damit ist auch das bis dahin unangetastete, letzte Gebiet der menschlichen Lebenswelt als Feld möglicher Veränderungen erschlossen gewesen, die Religion als Bereich *wandlungsreicher* Wirklichkeitsbeschreibungen bestimmt[16].

Wie Galilei, der bekanntlich mehrfach am päpstlichen Hof vorstellig war, um seiner Anschauung zur allgemeinen Geltung zu verhelfen, und der seinen „Dialogo" (1632) zum Zwecke allgemeiner Zugänglichkeit in der Landessprache geschrieben hatte, traf auch Kant Maßnahmen, welche dem Buch eine andere Aufmerksamkeit als die nur gelehrte zu sichern geeignet waren: Er bestand – ohne letzte Verpflichtung – auf der Vorlage bei der Zensurbehörde, und er hob die Schrift hinsichtlich ihrer Verständlichkeit deutlich von seinen „Kritiken" ab und verlangte nichts als die „gemeine Moral" zur rechten Auffassung (Religionsschrift, S. 15), wandte sich also wie Galilei an ein breiteres Publikum: Der Philosoph trat über die engeren Grenzen seines Faches hinaus und nahm damit für das Religionsthema ganz generell eine unmittelbare, irgendwie auf Verbindlichkeit dringende Wirklichkeitsgeltung in Anspruch, auch wenn die institutionell gegebenen religiösen (etwa kirchlichen) Verbindlichkeiten im einzelnen gerade zum Gegenstand seiner Kritik werden konnten. Nicht darum ging es ihm, an die Stelle der alten neue religiöse Vorstellungen zu setzen oder bestimmte Einzelinhalte zu allgemeiner Geltung zu erheben. Wenn sich in Zusammenhang mit der Religionsschrift dennoch von einer *Durchsetzungs*-Absicht sprechen läßt, so darum, weil in ihr die „Hypothese" bewahrheitet wird, daß die religiöse Vorstellungswelt einen Fall von Entfaltung der Freiheitswirklichkeit darstellt. Indem Kant das notwendige Hervorgehen von Idealen aus der elementaren Freiheitsrealität und wiederum deren Überführung in konkrete Wirklichkeitsverhältnisse zeigte, ergab sich für „Religion" insgesamt der Rang, eine notwendige „Veranstaltung" des Menschen im Umgang mit sich und seinesgleichen und mit den Dingen zu sein. Die von ihm aufgewiesene Verbindlichkeit der Religion besteht in ihrer Beispielhaftigkeit für allen Umgang mit Wirklichkeit als einem immerwährenden Bilden von Vorstellungen, bzw. von Theorien, die ihrem Wesen nach stets auf weitere Realisierung drängen, – wofür nicht zuletzt Kants Überschreiten enger Wissenschaftsgrenzen in Richtung auf ein Tätigwerden in den gegebenen staatlichen und kirchlichen Verhältnissen selbst einen Beleg darstellt.

Das Problem der Verwirklichung hat in der Religionsschrift eine mehrschichtige Darstellung gefunden, die genauerer Explikation bedarf.

---

16 Eine erwähnenswerte, wenngleich allgemein bleibende Zusammenordnung von Galilei und Kant findet sich bei O. Spengler: „Wir fühlen, daß beides, das dynamische Weltbild Galileis und das dynamische Seelenbild mit dem Willen als Schwerpunkt und Beziehungszentrum (gemeint ist Kant; der Vf.), ein und dasselbe bedeuten" (Der Untergang des Abendlandes I, München 1923[76], S. 397.

Zuvor sei jedoch die Zuordnung von Galilei und Kant mit der folgenden Überlegung abgeschlossen. Es hat den Anschein, als nehme sich Kant in der Religionsschrift den historischen Ausgang des Inquisitionsverfahrens irgendwie zum Leitbild, welcher ja bekanntlich einen die Phantasie immer wieder bewegenden Charakter im Widerruf des Gelehrten und in der Gewährung eines Refugiums besitzt. Dieser Ausgang bedeutete äußerlich zwar die vorläufige Niederlage Galileis, bei gründlichem Zusehen aber ein *unentschiedenes* Aufeinandertreffen und *Nebeneinandertreten* zweier Systeme *aus verwandtem*, ja gleichem, nämlich produktivem, systembildenden Menschengeist. *Er* ist die im Streit der Deutungssysteme hervortretende und diese letztlich relativierende Grundwirklichkeit[17]. — Wenn Kant dann Vernunft- und Kirchenglauben ins Verhältnis gebracht hat, so kam es ihm nicht primär auf eine polemische Entgegensetzung an. Entscheidend in diesem entsprechenden Nebeneinandertreten ist vielmehr, daß sie *beide* mehr oder weniger vollkommene Entwürfe, Konkretionen, Vorstellungen der grundlegenden Vernunftwirklichkeit sind. Auf *dieselbe* weisen alle Vorstellungen ebenso zurück, wie diese umgekehrt auch in ihrer Verschiedenheit der gebotene Weg zur Anschaulichkeit der Vernunft und ihrer Bewahrheitung sind. Mag Kant dabei der Religion die inhaltlichen Bestimmtheiten genommen haben, — nach seiner Sicht ist sie dafür in jeder, bzw. *als* jede beliebige Realisierung stets gegenwärtig, unerschöpflich sich erneuernd, indem die Realität immer neue Veranschaulichungen ihrer selbst verlangt und auch erzeugt. Wir stehen vor einer „Religion", die als *Bild* der neuzeitlichen Welt mit ihrer ins Unendliche fortgehenden Kette von Verwirklichungen anzusehen ist. Dieser Begriff von Religion und der Umgang mit ihm haben sich ausgehend von der Religionsschrift dem neuzeitlichen Denken untilgbar und unerhört folgenreich eingegraben.

2. Das Bilden neuer Wirklichkeit im Entgrenzen von religiösen Vorstellungen

Für keine einzige Vorstellung, die Kant in der Religionsschrift entwickelt hat, für kein Stück des Vernunftglaubens, wie er ihn hier darbietet, wird Verbindlichkeit behauptet oder irgendein Nachvollzug verlangt. Vielmehr schwebt über dem gesamten Buche der spürbare Hauch des Hypothetischen. Die *Konstruktionen*, die der Veranschaulichung der „Moral", also des grundlegenden Freiheitsgeschehens dienen, und die meist so bestürzend genau mit den christlichen Glaubensinhalten übereinkommen, sind jeweils als solche kenntlich, immer sehr deutlich als *mögliche*, damit aber auch als austauschbare Vorstellungen bezeichnet und gegen das Verwechseltwerden mit den in ihnen gemeinten Sachen selbst abgesichert[18]. Der An-

---

17 Das Einlenken des Galilei verlöre so gesehen den Anstrich von Feigheit oder Rätselhaftigkeit, wäre vielmehr als die Einsicht in die grundsätzlich schon vorhandene – gerade auch im Agieren seiner Widersacher hervortretende – Allgemeinheit des von ihm verfochtenen Wirklichkeitsprinzips zu verstehen, auf dessen endgültiges Sich-Hervorarbeiten eben in Ruhe gewartet werden mußte.
18 Vgl. beispielsweise die allgemeine Warnung vor Religionswahn: „Wahn ist die Täuschung, die bloße Vorstellung einer Sache mit der Sache selbst für gleichgeltend zu halten" (RS, S. 187 Anmerkung).

schein, als stünden die religiösen Vorstellungen durchgehend unter dem Vorzeichen jenes vielberufenen kantischen „Als ob", verleiht ihnen einen erheblichen Zug von Irrealität, so daß sich die Frage stellt, inwiefern gerade in ihnen eine Wirklichkeitserschließung des behaupteten Ausmaßes erfolgt sein sollte. Auch scheint sich die Analogie zwischen Galilei und Kant im Entscheidenden gerade doch nicht zu bewähren, weil *jener* nämlich sehr wohl ein bestimmtes Vorstellungsgebilde zur Wirklichkeit zu machen unternahm, *dieser* hingegen keine einzelne Vorstellung — und mochte sie auch noch so umfassend sein — dermaßen konkret zu nehmen in der Lage war, als daß er sie zur unumstößlichen Wirklichkeit zu „steigern" versucht hätte. Nur dann würde sich die Analogie aufrechterhalten, bzw. Kant wie angedeutet als der überbietende Vollender des Galileischen Unternehmens verstehen lassen, wenn sich sein Umgang mit der Religion in *prinzipieller* Hinsicht, also jenseits der inhaltlichen Bestimmtheiten, ein „Steigern" von Vorstellung zu Wirklichkeit nennen ließe.

Die Annahme einer grundlegenden Vernunft- und Freiheitswirklichkeit, von uns heute wie selbstverständlich gehandhabt, war vor Kant keineswegs so geläufig, vielmehr in hohem Maße strittig und nicht evident. Als Grund aller abgeleiteten anderen Wirklichkeiten trat sie vielmehr erst hervor, sowie *alle* vorhandenen Geistesschöpfungen als menschlichen Ursprungs erwiesen waren, vornehmlich also die Wahrheiten der Religion. Allein dies schon, daß die Religionsschrift solche Rekonstruktion vollbrachte, hob die in ihr demonstrierte Freiheitswirklichkeit weit hinaus über ihr bloßes Postuliertsein, wie Kant es bis dahin gelehrt hatte. Nun war es gewissermaßen gelungen, das freie Produzieren als *unbeschränktes* zu beobachten, es in seinem Schaffen nicht nur nachzuzeichnen, sondern in seiner Lebendigkeit und ganzen Vollmacht zunehmend selbst zur Darstellung kommen zu lassen[19].

Wie man des Produzierens nur in seinen Hervorbringungen, in seinen Vorstellungen ansichtig werden kann, so weisen diese umgekehrt immer wieder über sich hinaus auf ihren Grund, in welchem sie relativiert sind. Es ist diese *wechselseitige* Beleuchtung von Freiheitswirklichkeit und religiösen Vorstellungen, welche es erlaubt, in der Religionsschrift ein mächtiges, neues Prinzip am Werk zu sehen: Das *Zugleich* von Realität und ihren Manifestationen ist an ihm selbst darum eine neue Wirklichkeit, weil darin das Realisierungsgeschehen, das unentwegt befolgte Konkretisierungsgebot anschaulich, vor allem aber „wirklich" ist. In diesem Spannungsverhältnis, welches Darstellung von Lebendigkeit selbst ist, wird also nicht nur eine *Theorie* der Freiheit dargeboten, sondern vielmehr ihre Wirklichkeit vollbracht. Und nicht zuletzt diese „reale" Freiheit hat die Religionsschrift mit jenem Hauch des Hypothetischen versehen, von dem die Rede war.

---

[19] Auf die Möglichkeit eines direkten Zusammenhangs zwischen Kant und der deutschen Romantik ist schon hingewiesen worden (vgl. oben S. 22 Anm. 47). *Hier* deutet er sich an als die Gleichförmigkeit der Intentionen, das Leben sich gleichsam unmittelbar aussprechen lassen zu wollen.

Dieses Moment in der Auffassung des Buches ist schwierig zu vollziehen, aber es allein vermag zu erklären, weshalb aus der Entgrenzung hergebrachter religiöser Vorstellungen ein Umgang mit „Religion" entsprang, welcher nie der Vollmacht ermangelt hat, jene grundlegende Wirklichkeit und ihre unendlichen Versinnlichungen zum Erscheinen zu bringen; der die einzelnen Verbindlichkeiten von Religion zwar in größere Ferne gerückt hat, diese selbst aber auf Grund ihres unlöslichen Darstellungszusammenhanges mit Wirklichkeit in einem allgemeinen Sinne als ganze erst zur Verbindlichkeit erhoben hat.

Fortan nimmt eine Entwicklung ihren Lauf, die gekennzeichnet erscheint durch äußere Beziehungslosigkeit zwischen umfassender Verwirklichung im welthaft diesseitigen Sinne auf der einen und zunehmender Ausgestaltung der Religion zum eigenen Bereich auf der anderen Seite.

Im Sinne von Kants Religionsschrift betrachtet handelt es sich dabei freilich um nichts anderes als um die Wirklichkeit jenes bezeichneten *Zugleichs* von Realität und ihrer gesonderten Vorstellung, ihrer allgemeinen Theorie. Man wird sich nur schwer dem Schluß versagen können, daß Kant den Gedanken, oder wenn man so will die Vorstellung vom „Zugleich" zur Wirklichkeit erhoben hat.

C. Die entgrenzte Christusanschauung Kants

„Der Mensch kann sich keinen Begriff von dem Grade und der Stärke einer *Kraft,* dergleichen die einer moralischen Gesinnung ist, machen, als wenn er sie mit Hindernissen ringend und unter den größtmöglichen Anfechtungen dennoch überwindend sich *vorstellt.*"[20]

In diesem Satze kann man das gesamte Anliegen der Religionsschrift zusammengefaßt und ihr Gliederungsschema[21] in groben Zügen angedeutet finden: Es geht um das Sichtbarmachen, um das *Vorstellen* jener „seelenerhebenden"[22] Grund-

---

20 RS, S. 64 (Hervorhebungen d. Vfs.)
21 Man wird unschwer das „Radikale Böse" des I. Hauptstücks als Haupt-„Hindernis" für Freiheit identifizieren können und den „Kampf", bzw. „Sieg" des II. und III. Hauptstücks hier in den Vokabeln „ringen" und „überwinden" wiedererkennen. Dieser scheinbar nebensächliche Seitenblick auf das Gliederungsschema erfolgt mit der Absicht, eine immer wieder begegnende (vgl. z. B. K. Barth, a.a.O., S. 262; s. oben S. 18 Anm. 28 oder J. Bohatec, Die Religionsphilosophie Kants, S. 600f) *zu massive* Auffassung des „Radikalen Bösen" als bedenklich erscheinen zu lassen: Die Einführung des Gedankens eines Bösen gehört unter Kants Veranschaulichungsmittel. In ihm „realisiert" er die denkbar stärksten Einwände gegen Freiheit, um *deren* Realität umso sicherer zu gewinnen. Einer naturhaft verstandenen Erbsündenlehre hat er nicht angehangen.
22 „Eines ist in unserer Seele, welches, wenn wir es gehörig ins Auge fassen, wir nicht aufhören können, mit der höchsten Verwunderung zu betrachten, und wo die Bewunderung rechtmäßig, zugleich auch seelenerhebend ist; und das ist: die ursprüngliche moralische Anlage in uns überhaupt" (RS, S. 53).

kraft, welche hier „moralische Gesinnung" heißt, die aber das Freiheitsgeschehen selbst meint; um die menschliche Fähigkeit, das „Gesollte" auch zu „können"[23].

Gleichzeitig ist der den Aufbau des Buches skizzierende Satz aber auch ein Abriß des Weges, auf dem es zum Entstehen der Christusvorstellung kommt, so daß man in einem vorläufigen Sinne folgern kann: Die Veranschaulichung der Freiheitswirklichkeit ist gleichbedeutend mit der Ausbildung von Christologie.

Damit gilt aber für die Christusanschauung ganz entsprechend, was über „Religion" insgesamt schon ausgeführt war: Indem sie stets explizit im „Zugleich", in Verbindung mit der in ihr ausgesagten Wirklichkeit auftritt, muß sie gegenüber ihrer kirchlichen Fassung *entgrenzt* genannt werden: Hier erfolgt die Preisgabe systemimmanenten christologischen Denkens.

Bei diesem Entgrenzungsgeschehen handelt es sich nicht um den bloßen Zugewinn eines erweiternden Gedankens, eines zusätzlichen Gesichtspunktes, so daß mittels seiner doch nur das System — wenn auch als bereichertes — fortgeführt wäre. Vielmehr ist die gemeinte Entgrenzung ein Hinübergehen in eine neue Wirklichkeitsdimension: Indem Kant sich nicht einem bestimmten Vorstellungsgefüge — etwa dem christologischen — als einem *gegebenen* ausliefert, sondern dessen mögliches Entstehen von Grund auf konstruiert, macht er Freiheit, um die es ja geht, *praktisch,* weil sie in diesem Konstruktionsvorgang als das freie (!) produktive Geschehen selbst erscheint, tätig wird. Und damit streift sie den Widerspruch einer an die Denknotwendigkeiten eines Systems gefesselten „Freiheit", streift sie den Zwang, nur Gegenstand von *Theorie* sein zu sollen, auf konsequente Weise ab. Sie erscheint gewissermaßen real als das freie Schaffen von Vorstellungen[24].

Zu dieser konsequent aufgefaßten und betätigten Freiheit gehört hinzu die Preisgabe jeden Versuchs, *bestimmte* Vorstellungen als unvermeidliche, als einzig angemessene erzwingen zu wollen. Vielmehr können sie gar nicht anders als von Alternativen begleitet gedacht und behandelt werden.

---

23 Der Schluß vom Gesetz auf das Erfüllungsvermögen spielt in der RS mehrfach eine wichtige Rolle, indem die Zumutung des Gesetzes zum Beweis tatsächlich gegebener Freiheit dient. Vgl. u. a. S. 49 u. S. 55.

24 In „Glaube und Vernunft" (in: Grundfragen systematischer Theologie, Göttingen 1967, S. 237ff) hat W. Pannenberg herausgestellt, daß bei Kant „die ‚produktive Einbildungskraft', die schöpferische Phantasie, das eigentliche Herzstück seines Begriffes der Vernunft bildet" (S. 247), jedoch dann eingeschränkt, daß „bei Kant nun freilich die schöpferische Vielfalt der Phantasietätigkeit, die immer wieder Neues hervorbringt, unbeachtet blieb; denn die schöpferische Phantasie wurde nur bemüht, um die Formen einer apriorischen Vernunft herzuleiten." Und er fragt weiter: „Sollte aber nicht gerade die schöpferische Phantasie eine derart abgeschlossene Systematik der Vernunft durchbrechen, indem sie auf etwas anderes verfällt?" Antwort sei dann erfolgt auf dem Denkweg von Fichte zu Hegel „durch die Entdeckung der Reflexionsstruktur des Denkens" (S. 248). Wenn in der Religionsschrift das *freie* Bilden von Vorstellungen hat realisiert werden sollen, dann muß die „abgeschlossene Systematik der Vernunft" als schon von Kant durchbrochen und das freie Produzieren hier prinzipiell, wenn auch noch ohne die Unendlichkeit der möglichen Konkretionen, für durchgeführt gelten.

Wenn nun Kant die Freiheitsrealität als Christus-Vorstellung entfaltet, so geschieht dies zwar ohne *ausgeführte* Alternative, fast so, als könnte jene gar nicht anders als eben christologisch aufgefaßt werden. Aber die grundsätzliche Eventualität *anderer* Veranschaulichungen bleibt gegenwärtig, was sich eben an dem schwebenden Charakter, an der hypothetischen Eigenart seiner christologischen Konstruktionen ausweist. Es ist nur folgerichtig, wenn Freiheit sich zum Ziele ihrer möglichst vollkommenen Realisiertheit auch dieser Darstellungsmöglichkeit bedient und sich nicht über eine Begrenzung ihrer inneren Unendlichkeit selbst dementiert.

Paradoxerweise erfährt die Christusvorstellung also gerade darin, daß sie gleichsam aufs Spiel gesetzt wird, einen Zuwachs an Aussagekraft: In der Ungeschütztheit, freies und darum aufzuhebendes oder immer noch weiter zu konkretisierendes „Produkt" zu sein, wird sie erst *wirklich* zur Theorie von Freiheit. Und sie wird es dann doch im Sinne von Einmaligkeit, weil sie Leistungen erbringt, die auf dem Weg *anderer* Vorstellungen verschlossen sind. Ihr Nichtfestgelegtsein nämlich, so wie Kant es unterstellt, ist die einzige *konkret* mögliche Darstellung der Unendlichkeit des Wirklichen, der lebendige, reine Selbsterweis der Freiheitswirklichkeit; denn die Wirklichkeit in ihren unzähligen Konkretionen ist nur wieder *als diese* – nicht aber angemessen in einer *Theorie* – darstellbar.

Und so muß man in den so „luftigen", so in der Schwebe gehaltenen christologischen Vorstellungen Kants den Beginn derjenigen Entwicklung erblicken, in deren Verlauf die christologischen Denkmittel – entgegen dem Anschein ihres Absinkens in die Bedeutungslosigkeit – in den Rang erhoben wurden, prinzipielle Veranschaulichung der allgemeinen Freiheitswirklichkeit zu sein, welche gerade „vom Rande her", aus ihrer (im Sinne von konkreten Bestimmtheiten natürlich zutreffend so beschriebenen) „Wirklichkeitsferne" heraus allgemeine Wirklichkeiten der Welt und des Alltages beleuchten und als Freiheits-Gestalten zu erachten erlauben.

Entgrenzte Christusanschauung – das meint am Ende und im Vollsinn nichts anderes, als daß in ihr das Prinzip des Wirklichkeitsbildens offenliegt, daß sich Christologie als die überall wirksame Tätigkeit des freien Produzierens erweist[25].

---

25 Kant nennt die Religion mehrfach „inwendig verborgen" (vgl. u. a. RS, S. 118, 152, 187). In dieser Kennzeichnung muß ein Beleg gesehen werden für den Willen, sie ohne jede Bestimmtheit, als *Prinzip* aufzufassen, welches eben der unendlichen Konkretionen fähig ist, aber in keine einzelne aufgehoben werden kann. Schleiermacher beseelt die Theologie darum bis heute unentrinnlich, weil er in der Nachfolge Kants die „Einschränkung" der theologischen Arbeit auf den Bezirk des „Prinzipiellen" realisiert hat und ihr damit die Weite gab, auf alle Wirklichkeit Bezug zu haben, ja ihr Prinzip zu sein. Die Religion *mußte* geradezu als *eigener* – anscheinend „abgesonderter" – Bereich in die Wirklichkeit eintreten. bzw. als solcher eingeführt werden, sobald sich die Grenzenlosigkeit aller Wirklichkeiten und die Unmöglichkeit ihrer theoretischen Gesamt-Repräsentation abzuzeichnen begann.

1. Die Entfaltung der allgemeinen Weltwirklichkeit als Objektivierung der christologischen Freiheitsrealität

Auf jede beliebige Vorstellung fällt ein deutlicher Widerschein derjenigen Wirklichkeit, zu deren Vergegenwärtigung sie gebildet ist. Und er besteht nicht nur darin, daß sie ihre Unverzichtbarkeit, also einen gewissen selbständigen Rang für den Vorgang des Erfassens von Realität dabei unter Beweis stellt; vielmehr darin, daß sich den Vorstellungen immer etwas von der Kraft und der Deutlichkeit der zugrundeliegenden Wirklichkeit mitteilt: Sie zeigen desto mehr eine Tendenz zur „objektiven" Gestalt, je durchschlagender jene ausgebildet ist und je plastischer ihre Konturen hervortreten.

So wird zu erwarten sein, daß auf dem Gebiet *christologischen* Vorstellens die „Objektivität" des Vorgestellten dort am stärksten ist, wo die gelungenste, die angemessenste Darstellung von Freiheit erfolgen konnte. Den bisherigen Erläuterungen nach muß dies dort der Fall sein, wo das christologische Prinzip in seiner Reinheit hervortritt, indem es sich seiner *bestimmten* Formen, ja überhaupt aller *eigenen,* selbstbezogenen Vorstellungen entäußert und als freies Produzieren, als die *Tätigkeit* des Vorstellens selbst erscheinen kann. Dann steht die Frage einer objektiven Realität der Christusvorstellung in einem exklusiven Sinne gar nicht mehr zur Diskussion: Diese hat – um mit Kant zu reden – „ihre Realität vollständig in sich selbst" (Religionsschrift, S. 65). Stattdessen sind *alle* nur denkbaren Konkretionen und Wirklichkeiten Vorstellungs-Gestalten, welche sich allesamt als Objektivierungen des christologischen, d. h. des Freiheitsprinzips darstellen. In ihnen, in die gesamte Weltwirklichkeit hinein, legt sich dieses aus; in ihnen allen lebt der Widerschein *seiner* „objektiven" Realität: Weil nämlich *diese* das Gewisseste ist, erlangen ihre Vorstellungen selbst die Festigkeit von Dingen, „realen" Vorgängen und von erfahrbaren Verhältnissen. Das freilich nur dort, wo sie in die Lebenswirklichkeit selbst übergehen und auf echte Weise, im Vollzug, zu deren Bestandteil werden. Stehen sie umgekehrt aber nur im Zusammenhang *theoretischer* Erwägungen, – und wie könnte es in der Religionsschrift irgend anders als so der Fall sein – so bleibt ihnen auch durchweg und in eherner Folgerichtigkeit jene Eigenschaft „bloßen" Vorgestelltseins erhalten. Mag Kant von Kirche oder Staat, von bürgerlicher Gesellschaft oder dem Gottesreich, von persönlichen Vorgängen oder von Geschichte handeln, – alle diese Wirklichkeiten sind nicht aus der Klammer, Vorstellungen zu sein, entlassen, ganz ebenso wie die Christusanschauung. Aber gerade damit weisen sie über ihre jeweilige Veranschaulichungsform hinaus.

Sowie man der Religionsschrift aber diese Farbe des hypothetischen Umgangs mit den großen Gegenständen im Ganzen oder im einzelnen Fall nehmen wollte, würde man das kunstvolle Zugleich von Leben und Theorie, das die nicht mehr theoretisch zu fassende neue Wirklichkeit *indirekt* benennt, zerstören und auf den Weg derjenigen geraten, welche letztlich vergeblich Realität und ihre Theorie auf dem Boden der letzteren *einen* wollen.

So wenig die Freiheitswirklichkeit in der Religionsschrift selbst, also literarisch allein, auch nur entfernt vollkommen gegenwärtig, bzw. realisiert sein kann, so wenig gewinnt das „Ideal der Gott wohlgefälligen Menschheit" (S. 64) in ihr „Fleisch und Blut", die historisch-objektive Gestalt eines leibhaftigen Menschen. Zu diesem Ideal muß gewissermaßen ihre andere „Hälfte", die Belebung, der sie bewahrheitende Vollzug jenseits der theoretischen Erwägung, hinzukommen. *„Jesus"* im kantischen Sinne, das wäre dann keine papierene theoretische Gestalt mehr, sondern *jedes* einzelne Menschenleben, in dem jenes Ideal ausgearbeitet und verkörpert wird [26].

Hier zeichnet sich eine *„Objektivierung"* ab, die nicht immanent auf dem Boden der christologischen Vorstellung — also theoretisch allein — gesucht ist, sondern die über sie hinausgreift und Wirklichkeiten heraufführt, die in ihrer Lebensdichte und Zahllosigkeit gar nicht zu benennen sind. Das „Urbild" wird „in uns" (Religionsschrift, S. 67) anschaulich, gleichsam individuell realisiert, vervielfältigt und allgemein *objektiviert*. Und es entgrenzt sich dann in den tatsächlichen Lebensmomenten in ihrer Fülle: Das „reale" Urbild entfaltet sich zum konkreten Einzelleben und seinen unbegrenzten Wirklichkeitsbezügen [27]. Es erweist sich nun als erster Zugriff auf diese, als der Beginn ihrer unendlichen Kette, wo eine Konkretion neben die andere tritt als immer neue *Vorstellung* von Wirklichkeit, in der sich diese fühlbar macht als unbegreifliches Leben aus Freiheit [28].

Die christologischen Vorstellungen, — soeben ein „erster Zugriff" auf die Wirklichkeit genannt (wobei nicht an eine historisch-religionsgeschichtliche Abfolge gedacht ist, sondern an eine Art von sachlicher Reihe, in der vor der Differenzierung ein erster großer Entwurf steht) — lassen sich natürlich ebenfalls als eine *Objektivierung* begreifen. Die in ihnen gebundene Realität steht nicht zurück hinter derjenigen jeder beliebigen anderen Vorstellung, bzw. Konkretion. Wie diese alle streben auch sie nach Verselbständigung oder Objektivierung. Die *Faktizität* der in ihnen beschlossen liegenden Wirklichkeit will sich in einer solchen ihrer *Veranschaulichungen* niederschlagen, so daß jede christologische Bildwelt im Ansatz auch die Möglichkeit enthält, daß ihre Bilder zu eigenem Leben erwachen, daß sie zur unabhängigen Gestalt führen wollen.

Kant hat diese Tendenz ausgeschlossen und seine diesbezüglichen Vorstellungen bloße Konstruktionen sein lassen, was nur durchzuführen war, indem er *alle* Wirklichkeiten als gleichartig behandelte, nämlich nur vorgestellte zu sein; indem er also *allen* die letzte Selbständigkeit nahm. Dies war der Weg, mit den Vorstellungen insgesamt auf eine Wirklichkeit zu weisen, die in der Theorie nicht zu fassen, deren Wesen der praktische Vollzug ist. Gerade damit sollte er aber einen Weg eröffnen, auf welchem den christologischen Vorstellungen neue Be-

---

26 „Dem Gesetz nach sollte billig ein jeder Mensch ein Beispiel zu dieser Idee an sich abgeben, wozu das Urbild immer nur in der Vernunft bleibt" (RS, S. 66).
27 „Man hat es nicht nötig..., es noch in einem besonderen Menschen hypostasiert anzunehmen. Vielmehr würde die Erhebung eines solchen Heiligen über alle Gebrechlichkeit der menschlichen Natur der praktischen Anwendung der Idee desselben auf unsere Nachfolge nach allem, was wir einzusehen vermögen, eher im Wege sein (RS, S.67).
28 Die „Unbegreiflichkeit" des Freiheitsgeschehens wird von Kant immer wieder betont (z. B. RS, S. 67, S. 53 u. ö.).

deutsamkeit zugewachsen ist: Sie wurden nun erst recht zu einem Gebiet, auf welchem sich die Steigerung des Gedachten zu Realitäten *grundsätzlich* erstreiten und zeigen lassen sollte. Und dies darum, weil die Unendlichkeit der Konkretionen nur noch an ihr und ihrer Durchführung selbst anschaulich, bzw. unanschaulich war, weil die sich in diesem Progreß ins Endlose enthüllende Freiheit ihre Tatsächlichkeit auch theoretisch aussagen mußte, um überhaupt noch anschaulich zu werden. Und so wird man *nach* Kant – im Verfolg seiner Grundanschauung – das „Ideal der Gott wohlgefälligen Menschheit" zu konkretisieren beginnen, wird eine Ausarbeitung der *Tatsächlichkeit Jesu* anheben, welche ein Reflex derjenigen Objektivierungen ist, deren man ihrer Fülle wegen nicht mehr in ihrer Ganzheit ansichtig werden kann und die darum eine einfache *beispielhafte* Veranschaulichung nötig machen.

Das christologische Freiheitsprinzip, das Kant in seiner Tatsächlichkeit gerade dadurch als realisiert zeigte, daß es sich als von seinen besonderen Vorstellungsformen befreit darstellen konnte, erwies dann seine Tatsächlichkeit später auf die nach außen hin fast entgegengesetzte Weise: Die *nun* gegebene und aufzuarbeitende Freiheitserfahrung der unendlichen Konkretisierbarkeiten und Konkretionen brachte sich darin zum Ausdruck, daß sie das effektive „Leben" dieses unentwegten Gestaltens als die ins tatsächliche *Lebendigsein* erhobene Gestalt des religiösen Vorstellens ausarbeitete.

Der historische Jesus der späteren Theologie in allen seinen verschiedenen Spielarten läßt sich dem „Ideal" Kants nicht als eine Größe anderer Art entgegensetzen. Er wächst vielmehr wie dieses auf dem Boden der vorstellenden Vernunfttätigkeit, ist aber nicht allein deren „Resultat", sondern vor allem deren Versinnlichung selbst. In seiner Gestalt gewinnt sie die Gewißheit ihrer Kraft, schaut der Mensch sein Leben an als *wirkliches Realisieren,* das er im Bilden jener Gestalt zugleich vollbringt.

Man folgt nur zu leicht den Suggestionen des Vokabulars und hält von vornherein einen „geschichtlichen Jesus" dem kantischen „Ideal" gegenüber für unvergleichlich viel reicher an „Wirklichkeit". Bei ihm scheint Lebens- und Geschichtsfülle zu sein, wo jenes nur karge Gedankenblässe aufweist. Aber dabei wird übersehen, daß es unmöglich ist, den Boden der Theorie je zu verlassen; daß es also auch in einem „geschichtlichen Jesus" unmöglich sein muß, die lebensvolle Wirklichkeit selbst auf dem Boden von Theorie zur Darstellung zu bringen. So gilt es zu sehen, daß der „wirkliche" Jesus der späteren Theologie unter veränderten Zeitverhältnissen und gewandelten Anforderungen des Veranschaulichens als eine Theorie-Gestalt *ganz ebenso über sich hinausweist* auf die praktische Vollzugs-Wirklichkeit, wie es Kants „Ideal der Gott wohlgefälligen Menschheit" getan hat, daß in diesem die Tatsächlichkeit der Freiheit ganz ebenso den Inhalt ausmachte, wie in jenem die Tatsächlichkeit des „Heils" den Gegenstand bildet.

Wie sehr der „wirkliche Jesus" selbst funktionales Reflexionsgebilde ist, ergibt sich auch daraus, daß er allen Bemühungen, die ihn etwa in ein direktes Mensch-Mensch-Verhältnis zum heutigen Gläubigen setzen möchten, widersteht: Er *bleibt* ferngerückt und undeutlich, „blaß" wie ein Ideal (!), eine notwendige Gestalt der Theologie, nicht aber eine der allgemeinen Vorstellbarkeit und des unmittelbaren Zugangs[29].

Hinter und in allen christologischen Vorstellungen, wie sie von der kirchlichen Lehre etwa als Rechtfertigung, stellvertretende Genugtuung, Vergebung, Wiedergeburt, Nachfolge usf. dargeboten werden, scheint bei *Kant* nur immer wieder das *eine* große Thema der Freiheitswirklichkeit auf. Und indem die Bilder, die sonst zur Verdeutlichung des *Heils* und der Heilsaneignung nach herkömmlichem Verständnis gedient haben, nun zu Mitteln werden, die *Tatsächlichkeit* der Freiheit zu illustrieren, erweist sich die letztere selbst als das Innerste der Heilsfrage: Der Selbsterweis des wirklichen Realisierens, der wahren Freiheit, ist das Unterpfand für das Lebendigsein des Menschen oder für sein „Heil" (vgl. Religionsschrift, S. 80ff). Ist das Prinzip als am Werke befindlich gezeigt, dann kann das gesamte Leben selbst als von Freiheit durchseelt gelten.

Ob die kantische Christologie so betrachtet allen Tiefen der christlichen Heilsbotschaft gerecht geworden ist, kann und soll hier nicht ausgemacht werden; nur darauf sei die Aufmerksamkeit gelenkt, daß eine Theologie, welche die Tatsächlichkeit Jesu und seine Wirklichkeit in den Mittelpunkt allen Interesses rückt, gleichfalls eine innige Verbindung von Heils- und Realitätsfrage vollzieht und damit selbst dort in der Kant-Nachfolge steht, wo sie meint, sich gerade um der *Faktizität* des Heils willen von ihm distanzieren zu müssen[30].

Kant nennt den *Grund* der Freiheit ein „Geheimnis, welches uns zur Erkenntnis *nicht gegeben* ist" (Religionsschrift, S. 155), das aber als durchgeführtes moralisches Gesetz, *in* seinen unentwegten Verwirklichungen und Vollzügen offensteht. Dieses Latentsein der Freiheit konkretisiert, vereinzelt sich wie gezeigt in der nachkantischen Theologie dann zu dem „wirklichen Jesus", über dessen Existenz und Tatsächlichkeit um der wirklichen Freiheitserfahrung willen keine Zweifel möglich sein dürfen, so daß nun der Anschein erweckt wird, als gebe es doch

---

29 Der „negative" Ausgang der Leben-Jesu-Forschung, wie ihn etwa A. Schweitzer in seiner „Geschichte der Leben-Jesu-Forschung" (Tübingen 1913², S. 631f) gezeichnet hat, kann nur dort als deprimierend empfunden werden, wo der theologisch-theoretische Charakter der Jesus-Frage verkannt wird und die verbalen Suggestionen scheinbarer Lebensnähe regieren. Nicht von ungefähr blieb die Theologie von besagtem „negativen Ausgang" auch unbeeindruckt.

30 Am anschaulichsten findet sich die besagte Verbindung von Heils- und Realitätsfrage bei W. Pannenberg formuliert, wenn die systematische Voraussetzung gemacht wird, „daß der Historie Jesu selbst eine soteriologische Bedeutung innewohnt", oder wenn es heißt „Die Bedeutsamkeit Jesu muß von dem her entfaltet werden, was Jesus damals wirklich war" (Grundzüge der Christologie, 1966², S. 43). Jesus „per se", seine „Hingabe an uns" (a.a.O., S. 42), – dies sind die Formeln, welche die Kluft zwischen der Theologie und den Bestimmungen der Religionsschrift bezeichnen sollen, die aber nicht zuletzt gerade das Interesse der Theologie an der *Realitätsfrage* dokumentieren, bzw. ihre diesbezügliche Darstellungsaufgabe im Ganzen neuzeitlicher Wirklichkeitsbemühungen unter Beweis stellen.

einen offenbaren „*Grund*" und ebenso Erkenntnis des „Geheimnisses", als sei der Theologe Kant gegenüber im Besitz von überlegener Wahrheit [31].

Wohl ist es aus der Sache heraus notwendig, Jesus unbedingt und tatsächlich zu denken und die Spuren des Vorgestelltseins zu tilgen (vgl. oben Anm. 3 zu S. 35 – „Vergessenmachen"), aber es bleibt ebenso wahr, daß dieser „Grund" eine begrenzte Versinnlichung von allgemeinerer Freiheitserfahrung ist, daß er dieser entspringt und ihr seine lebensvolle Gestalt sowie seine Realität verdankt.

Insofern *folgt* die *Geschichte,* folgt das geschichtliche Denken sowie aller Umgang mit Tatsächlichkeiten, aus dem unerforschlichen Freiheitsgeschehen selbst, das sie – ebenso wie die Gestalt des geschichtlichen, wirklichen Jesus – veranschaulichen, aber nicht begründen kann, zu dessen „Geheimnis" unsere Erkenntnis nicht hinreicht.

2. Die Gleichartigkeit von Geschichte und Christusanschauung

„In der Erscheinung des Gottmenschen ist nicht das, was von ihm in die Sinne fällt oder durch Erfahrung erkannt werden kann, sondern das in unserer Vernunft liegende Urbild, welches wir dem letzteren unterlegen, eigentlich das Objekt des seligmachenden Glaubens, und ein solcher Glaube ist einerlei mit dem Prinzip eines Gott wohlgefälligen Lebenswandels. – Also sind hier *nicht zwei* an sich verschiedene Prinzipien, . . . , *sondern nur eine und dieselbe praktische Idee,* von der wir ausgehen, einmal, sofern sie das Urbild als in Gott befindlich und von ihm ausgehend, ein andermal, sofern sie es als in uns befindlich, beidemal aber, sofern sie es als Richtmaß unseres Lebenswandels vorstellt . . . Wollte man aber den Geschichtsglauben an die Wirklichkeit einer solchen einmal in der Welt vorgekommenen Erscheinung zur Bedingung des allein seligmachenden Glaubens machen, so wären es allerdings zwei ganz verschiedene Prinzipien (das eine empirisch, das andere rational), über die, ob man von einem oder dem anderen ausgehen und anfangen müßte, ein wahrer Widerstreit der Maximen eintreten würde, den aber auch keine Vernunft je würde schlichten können." [32]

Es hieße die neuzeitliche Theologie gründlich verkennen, wollte man ihr die Proklamation eben dieses „Widerstreites" und das Beharren auf ihm nachsagen. Denn wohl begrenzt sie die „Vernunft" selbst immer wieder, indem sie *auch diese* als eine bloße „Vorstellung" der lebendigen, unbegreiflichen („göttlichen") Freiheitswirklichkeit herausstellt, und erweckt damit nicht nur gelegentlich den Anschein einer antirationalen Grundeinstellung; aber *gerade* indem sie die *geschichtliche* Wahrheit und Wirklichkeit Jesu herausstellt, erweist sie sich als *jenseits* des be-

---

[31] So resümiert etwa P. Cornehl: „Die entscheidende Frage bleibt in seiner (– Kants –) Religionsphilosophie unbeantwortet: die Frage nicht nur nach einem Anhalt, sondern nach dem geschichtlichen *Grund* der von ihm postulierten Hoffnung und seines Vertrauens auf die göttliche Fürsorge und Vorsehung" . . . „Es zeigt sich, daß die Religionsphilosophie, was sie leisten sollte, faktisch nicht kann, weil Vernunft und Sollen mit sich allein bleiben und in der Geschichte kein *Grund* erkennbar wird, um beide zu versöhnen" (Die Zukunft der Versöhnung, Göttingen 1971, S. 79f; Hervorheb. d. Vfs.).

[32] RS, S. 131f (Hervorhebungen d. Vfs.).

sagten Widerstreites, als auf dem Standpunkt Kants stehend: Mochte er auch noch den Gegensatz zwischen statutarischem Kirchen- und freiem Vernunftglauben als eine starre Gegensätzlichkeit *vorgefunden* haben, – nachdem er das geschichtliche Denken selbst aber als ein *Vorstellen* aufgedeckt hatte, fiel der Gegensatz in sich zusammen: Ob man das Freiheitsprinzip „vernünftig"–allgemein, also als in jedem vorhandenes „Urbild" vorstellte, oder ob man es am einmaligen geschichtlichen Ort identifizierte, – *beidemale* bewegte man sich auf dem Boden des Vorstellens, auf einem der Erkenntnis offenen Felde also, das nicht das „Geheimnis" des Freiheits-Grundes (vgl. Religionsschrift, S. 155) selbst ist. Und so hat die Theologie durchaus recht, wenn sie zum *historischen* Jesus einen *vernünftigen* Zugang behauptet und auch ausarbeitet: Dieser Weg ist im Ansatz nicht verschieden von dem, der gegangen wird, wenn man das Gegebensein der Freiheit im „vernünftigen" Ideal versinnlicht, so daß die Vernunft zur „Schlichtung des Streites" im Zusammenhang der Theologie nicht einmal aufgerufen zu werden braucht: Mit Kant ist ein *neuer* Geschichtsbegriff herrschend geworden, den auch die Theologie repräsentiert. In diesem wird nicht eine Gegengröße zur Vernunft geltend gemacht, sondern vielmehr wird Geschichte als eine Vorstellungsform durchgebildet, in der Urbild und Wirklichkeit *vernünftig* eins sind, in der „Einmaligkeit" und „unbegreifliche Kontingenz" nicht für eine irrationale Zerstörung des Vernunftprinzips stehen, sondern für das Geheimnis faktischer Freiheit, gegebenen, tatsächlichen Lebens, das sich hinter den Vorstellungen auftut und in seiner ganzen elementaren Unbegreiflichkeit vollzieht. – Mag sich das neuzeitliche Geschichtsdenken, sofern es gerade die Einmaligkeiten des Historisch-Besonderen hervorhebt, auch in besonderer Weise auf die von *Joh. Gottfr. Herder* ausgegangenen Impulse zurückführen, – als seinen Vater im systematischen Sinne wird man doch *Kant* erachten müssen. Er hat die Vorstellungen erstmals *durchsichtig* gemacht *für* das in ihnen versinnlichte *Leben* und damit *indirekt* durchaus auch den Blick geöffnet für dessen *jeweilige* Konkretheiten und Einmaligkeiten. Herder eignete sich darum so trefflich für die Rolle eines Schöpfers des Geschichtsdenkens, weil er die Farben hatte, mit denen sich die in Kant gewonnenen Konturen erstmals ausfüllen ließen, weil er dem Prinzip die Fülle der Veranschaulichungen zuführte, so daß ein Schein des Gegensatzes entstand (für die Betroffenen selbst [33], wie auch für die Nachwelt), der aber – systematisch und nicht chronologisch gesehen – nur derjenige von Anfang und Folgegestalt ist.

Das Daß der konkreten Freiheit, wie Kant es über die Entgrenzung der religiösen Vorstellungen aufgewiesen hat, begann sich als unendliches Wirklichkeitsbilden zu entdecken, das jeder seiner Hervorbringungen echten Bestand zu verleihen bemüht, bzw. zu geben imstande war. Und das *Geschichtsdenken* ist so etwas wie eine Gestalt des Übergangs, – wenn man so will: nach dem *ersten* Zugriff der Christusanschauung auf die Freiheitswirklichkeit und noch *vor* den uferlosen Differenzierungen der späteren Welt ein *weiterer* neuer Schritt zu ihrer Versinnlichung

---

[33] Vgl. I. Kant: Rezensionen von J. G. Herders „Ideen zur Philosophie der Geschichte der Menschheit", 1785 in: Kleinere Schriften zur Geschichtsphilosophie, Ethik und Politik, PhB 47^I, 1959, S. 23ff.

in einer allgemeinen, ihre Tatsächlichkeit versuchsweise noch angemessener spiegelnden *Theorie* des Wirklichkeitsganzen. In seinen Anfängen noch hat man den ihm eigenen System-Charakter, also sein Wesen, vorgestellt zu sein, wohl gewußt und gegenwärtig gehalten[34]. Dies Wissen verliert sich zunehmend erst in dem Maße, in dem die Überfülle historischer Details hervortritt und diese jeweils die Aufmerksamkeit und die „belebende" Kraft des Historikers im Kleinen völlig fesseln; verliert sich also auf dem Wege konsequenter und methodisch betriebener *Realisierung des Anfangs*. Und dieser war nichts anderes, als daß Kant gewissermaßen *das Geschichtsdenken aus der Christusanschauung hat hervorgehen lassen*; daß er — indem er letztere *überhaupt* entgrenzte — sie *auch* zum Geschichtssystem entgrenzt hat. Indem er nämlich die Christusvorstellung als versinnlichtes Freiheitsprinzip ausgemacht hatte, mittels deren auf den Vollzug „realen Realisierens" hingedeutet wird, zeigte sich in ihr ein Gefälle zwischen Theorie und Wirklichkeit, welches in einer *eigenen* Vorstellung zusammengefaßt zu werden verlangte. Das *Herbeiführen* der im Freiheitsprinzip nur gegebenen Wirklichkeit, seine gebotene Verwirklichung, ruft nun gleichsam nach Vorstellungen eines Ablaufs, wie ja die Freiheit allein schon aus ihrer „Natur" als *Bewegung,* als das Gegenteil des Festgestellten, begriffen werden will, so daß sich erklärt, warum die Christologie als Freiheits-Theorie *selbst* eine dynamische Vorstellung ist. In ihr ist Kant zufolge das Verhältnis von Prinzip und Durchführung dargestellt, so daß sie immer selbst schon als eine *„Geschichte"* vorgetragen worden ist, als das „Werden" wirklichen Heils etwa (z. B. als das „Herabkommen des Sohnes Gottes und seine Menschwerdung", usf.; Religionsschrift, S. 87/89). Diese „Geschichte" objektiviert sich in dem Maße zur Fülle geschichtlich konkreter Lebensverhältnisse, in dem sie als Durchführungsproblem menschlicher Freiheit *verallgemeinert* wird, in dem sie ihrer historischen Einmaligkeit und damit Begrenztheit entkleidet wird. „Geschichte" in dem neuen Sinne zeigt sich überall dort, wo sich das christologische Vorstellungsgefüge in die allgemeine Freiheits-Realisierung umwandelt, wo es an den einzelnen Menschen oder an die Gattung heranrückt als die von ihm bzw. ihr erst einzulösende, zu realisierende Theorie. Dann liegt die „wahre" Geschichte auch außerhalb der Vorstellungen, in welche sie sich faßt, in den Lebensvollzügen selbst. Dann kommt den einzelnen Geschichts-Vorstellungen — wie z. B. der „allmählichen Annäherung an das Reich Gottes" oder der chiliastischen Zukunftserwartung — nur bildhafte Bedeutung zu, nicht aber der Rang eines real zu erhoffenden Zustandes. In ihnen sagt sich das Grundwesen der Freiheit aus: tatsächlich gegeben zu sein und Bewahrheitung nur im fortgesetzten Verwirklichen zu erfahren. Diese beiden Elemente verkörpert das Geschichtsdenken an ihm selbst, ohne sie eigens thematisch machen zu müssen, und darin erweist es sich als lebensvolle Veranschaulichungsweise für Lebenswirklichkeit, als reales Realisieren in einem analogen Sinn, wie dies auch von der Christusanschauung gesagt war.

---

34 Besonders deutlich bei Kant selbst in: Idee zu einer allgemeinen Geschichte in weltbürgerlicher Absicht, 1784; a.a.O., S. 5ff; aber auch noch bei den großen Historikern des 19. und 20. Jahrhunderts ist die geschichtsphilosophische Komponente ihrer Durchführungen zu spüren, bzw. als ausdrückliches Darstellungsmittel benutzt.

III. Geschichte als realisierte Christusvorstellung

A. Hegels unmittelbares Anknüpfen an den Hauptertrag der Religionsschrift und die Richtung seines Fortbildens

Zu den bemerkenswertesten Tatbeständen in Hegels literarischen Anfängen gehört, daß er *bei* zweifelsfrei stärkstem Bestimmtsein durch die Religionsschrift[1] überhaupt ein „*Leben Jesu*" hat schreiben können.

Angesichts der völligen Abwesenheit einer historischen Tatsächlichkeit Jesu, ja ihrer förmlichen Aufhebung in Kants Darlegungen[2] könnte nur gefolgert werden, daß Hegel *entweder* die Religionsschrift in einem ganz entscheidenden – und keineswegs verborgenen – Punkte nicht verstanden habe, *oder* daß er mit seiner Konkretisierung auf dem durch sie gewiesenen Weg folgerichtig fortging. Denn eine dritte Möglichkeit, die der direkten Abstandnahme von Kant, hat hier noch völlig auszuscheiden, weil Hegel 1795 darüber noch kein Bewußtsein besessen hätte, wie die sonstigen verbalen Anlehnungen an die Religionsschrift hinreichend belegen. Auch sucht die Forschung Hegels Eigentümlichkeiten und aufkeimenden Eigenstand nicht eben an *dieser* Stelle, also nicht in dem Schriftchen über das „Leben Jesu", welches hinsichtlich seiner Durchführung im einzelnen auch keinen besonderen Reiz auszuüben vermag, weil es nur eine private Studie zu sein scheint und ein wenig wie die Lösung der Fleißaufgabe wirkt, das biblische Material so zu ordnen und in einen fortlaufenden Zusammenhang zu bringen, daß ein gerichteter und schlüssiger, durchaus auch lebendiger Lebensgang entsteht[3]. Sicherlich haben die gewisse Art von nacherzählendem Stil und das Zurücktreten von eigenen Re-

---

1 Ergänzend zu den eingangs schon angeführten Belegen sei hier noch eine Bemerkung von Jacques D'Hondt wiedergegeben: „Hegel hat sich lebhaft für ‚Die Religion' interessiert; sie war womöglich das erste Buch von Kant, das er wahrhaft studierte" (Verborgene Quellen des Hegelschen Denkens, Berlin 1972, S. 30).
2 Nicht einmal den *Lehrer,* wie er sich bei den sog. Rationalisten selbstverständlich findet, wird man bei Kant „wirklich", leibhaftig ausmachen können: Wo er auf diesen „Lehrer des Evangelii" zu sprechen kommt, wird er stets auch in die Klammer des Vorgestelltseins gerückt (vgl. RS, S. 142f, 176, 186 u. ö.).

Und Kant verfehlt nicht, sein eigentliches Argument, nämlich die allgemeine Zugänglichkeit des Urbildes in jedem Menschen, hier mit einem solchen der historischen Skepsis zu unterstützen: „Von diesem ersten Anfang an bis auf die Zeit, da das Christentum für sich selbst ein gelehrtes Publikum ausmachte, ist daher die Geschichte desselben *dunkel*" (RS, S. 145; Hervorheb. d. Vfs.); und „muß die Authentizität der christlichen Religion der Bestätigung durch Zeitgenossen entbehren", weil sich „ihre Geschichte mehr als ein Menschenalter verspätet hat" (RS, S. 186).
3 E. Hirsch nennt es allerdings das „zweifellos bedeutendste – in seiner Weise sogar schöne – rationalistische Leben Jesu überhaupt, das gedruckt damals ein ungeheures Aufsehen hätte erregen müssen" (Geschichte IV, S. 460).

flexionen Hegels dazu beigetragen, daß die *Sonderbarkeit* eines „Leben Jesu", das biographisch noch gänzlich unter den Vorzeichen erklärter Kant-Abhängigkeit zustandekam, selbst verdeckt blieb[4]. Sie wird aber auch nur dort in ihrer ganzen Auffälligkeit erscheinen können, wo die Religionsschrift *ohne* die Eintragung eines historischen Jesus gelesen wird[5].

Unmittelbar vor dem „Leben Jesu" hat Hegel die Fragmente niedergeschrieben, die von Nohl unter dem Titel „Volksreligion und Christentum" vereinigt worden sind[6]. Sie gelten als die am deutlichsten „kantischen" Schriften. Neben den inhaltlichen Entsprechungen mit der Religionsschrift dürfte dafür vor allem die Art des Reflektierens maßgeblich sein: Wie bei Kant wird hier scheinbar aus der Distanz *über* die Beschaffenheit von Religion nachgedacht und damit die *unmittelbare Repräsentation* ihrer Gehalte durchbrochen bzw. vermieden. Dafür machen sie den Eindruck, als lägen in ihnen die *Konstruktionsprinzipien* offen, nach denen eine „Religion innerhalb der Grenzen der bloßen Vernunft", bzw. eine „Volksreligion" gestaltet sein müßte, als blieben sie *vor* der *faktischen Konstruktion* stehen.

Gerade weil Hegel in den „Fragmenten" die Konstruktionsmerkmale für die Christuswirklichkeit angibt[7], stehen diese zweifelsfrei als ihm bekannte und von

---

[4] Auch P. Cornehl verlangt, daß „stärker als bisher die Tatsache gewürdigt wird, daß Hegel ... ein ‚Leben Jesu' geschrieben hat" (Die Zukunft der Versöhnung, S. 101). Aber er sieht darin vor allem einen Hinweis auf die Kontinuität der *theologischen* Fragestellung seiner Zeit, in welcher Hegel gestanden habe. „Daß das Ergebnis im ganzen recht traditionell ausfiel, kann nicht verwundern, wenn man den Stand der Debatte in Rechnung stellt." Der „Stand der Debatte", auf welchen Hegel wirklich eingegangen ist, war der ihm zeitlich und sachlich am nächsten liegende: der durch Kant heraufgeführte, in welchem die theologische Fragestellung gerade gründlich modifiziert wird.

[5] G. Rohrmoser (a.a.O., S. 67) meint, Hegel sei „der die geschichtliche Realität auflösende Zug des kantischen Denkens gerade an der Konfrontation der kantischen Prinzipien mit den geschichtlichen Objekten" aufgegangen.

Wie die Abhängigkeitsverhältnisse im Falle des „Leben Jesu" aber liegen, wird man *umgekehrt* fragen müssen, ob die „geschichtlichen Objekte", mit denen Hegel umgeht, nicht aus dem Boden kantischer Voraussetzungen hervorwachsen. Dann darf auch nicht gefolgert werden, „daß Hegel die geschichtsfremde Abstraktheit des kantischen Erkenntnisbegriffes an seiner Untauglichkeit aufgegangen ist, die geschichtliche Bedeutung der Erscheinung Jesu angemessen zu verstehen". Jesus kommt nämlich nicht als ein unvermitteltes geschichtliches „Objekt" ins Spiel, mit dessen Hilfe etwa gar Kants Begriffe überprüft werden könnten; vielmehr zeichnet Hegel ihn ausschließlich mit den von Kant beschriebenen und erworbenen Denkmitteln.

[6] Zur Datierung vgl. JS, S. 402f.

[7] „Der Glaube an Christum ist der Glaube an ein *personifiziertes* Ideal" (JS, S. 67); „Von sehr großer *praktischer* Wichtigkeit aber ist die Geschichte Jesu, nicht bloß seine oder die ihm zugeschriebenen Lehren" (S. 56). „Die Geschichte Jesu stellt uns nicht nur einen Menschen dar ... und gerade die Beimischung, der Zusatz des Göttlichen qualifiziert den tugendhaften Menschen Jesus zu einem Ideale der Tugend, ohne das Göttliche seiner Person hätten wir nur den Menschen, hier aber ein wahres übermenschliches Ideal". „Hier ist also für den Gläubigen nicht mehr ein tugendhafter Mensch, sondern die Tugend selbst erschienen, – hier hat der Glaube die makellose, doch nicht entkörperte Tugend".

ihm anerkannte fest und müssen als die auch das „Leben Jesu" regierenden Prinzipien erachtet werden. Dann läßt sich die Schrift weder als pure Vergewisserung über die allgemeine theologische Debatte der Zeit, noch als ein Zeugnis unmittelbarer religiöser Phantasie lesen. Sie ist vielmehr dann zu verstehen als die *Anwendung* der Konstruktionsprinzipien, ist ihre konsequente Befolgung. Hier wird auf dem Boden der kritischen Philosophie — und dies ist das Ausschlaggebende — die Tatsächlichkeit Jesu so veranschaulicht, daß die Merkmale des Konstruiertseins zurücktreten bzw. getilgt sind, wodurch allein die Bedingungen der Volksreligion, die Phantasie zufriedenstellen zu müssen (Jugendschriften, S. 39, 49, 57), erfüllt werden. Hegel *realisiert* das Ideal, indem er die „Personifizierung" *leibhaftig* macht; *im geschichtlichen „Faktum"* führt er die vorstellungsmäßige Einigung von Freiheitsrealität und Denktätigkeit herbei.

Warum dieser Konkretisierung Notwendigkeit eignet, welche Einzelheiten ihr Vollzug aufweist und auf welche Weise sie ebenso notwendig wieder über sich hinaustreibt, bzw. von Hegel über diese Gestalt immerfort hinausgeführt wurde, — die Beantwortung dieser Fragen wird den weiteren Verlauf der Untersuchung ausmachen; *hier* kommt es vor allem auf den Übergang von Kant zu Hegel an, den man sich nicht *direkt* genug denken kann; die recht gesehene Unmittelbarkeit des Zusammenhangs verleiht nämlich der Auffassung von Hegels Entwicklung eine anders nicht zu gewinnende Folgerichtigkeit und Plausibilität[8].

Wie direkt Hegel mit seinem „Leben Jesu" im bezeichneten Sinne an die Religionsschrift anschließt, zeigt eine in diese *eingelassene Skizze,* in der man jenes vorgebildet, also im Ansatz so etwas wie ein kantisches Leben Jesu erblicken kann. *Kant* entwickelt dort (vgl. Religionsschrift, S. 175ff), daß die Fortpflanzung von Vernunftprinzipien und die „Erhaltung allgemeiner Einhelligkeit" an ihre äußere Verbreitung gebunden seien, also auch einer äußerlichen „Vereinigung der Gläubigen in eine (sichtbare) Kirche" bedürften[9], welche wiederum auf einen Stifter zurückgeführt werden müsse: „welches Ansehen, ein Stifter derselben zu sein, *ein Faktum und nicht bloß* den reinen Vernunftbegriff voraussetzt" (S. 175). Obwohl Kant hier daran festhält, daß „es mit der Geschichte stehen mag, wie es wolle" (S. 176), bleibt das Auftauchen des „Faktums" in der Argumentation bemerkens-

---

„Außerdem hat dieses Ideal noch den Vorteil, kein kaltes Abstraktum zu sein — seine *Individualisierung,* daß wir es sprechen hören, es handeln sehen, bringt es, das schon unserem Geiste verwandt ist, für unsere Empfindung noch näher" (S. 57; Hervorhebungen d. Vfs.).

8 Mit dem Argument „die Neuhegelianer führen Hegel auf Kant zurück und anerkennen bei Hegel nur das, was sich mit dem Kantischen Agnostizismus mühelos vereinbaren läßt", hat. G. Lukács auf das entschiedenste gegen die „Einheit von Kant und Hegel" Front gemacht (Der junge Hegel, 1967³, S. 16f). Sofern der Zusammenhang statt im Problemkreis der Erkenntnismöglichkeit in dem der Realisierungs-Thematik gesucht wird, dürfte der Anhaltspunkt für diese Kritik entfallen.

9 Weil „keiner von diesen Erleuchteten an seinen Religionsgesinnungen der Mitgenossenschaft anderer an einer solchen Religion zu bedürfen glaubt", würde auch „Einhelligkeit nicht von selbst entspringen", käme es auch nicht zu einem „beharrlichen Zustand einer Gemeinschaft der Gläubigen" (RS, S. 175).

wert, und zwar nicht deshalb, weil er seinen Ansatz plötzlich doch verlassen haben könnte [10], sondern weil das „Faktum" erscheint im Zuge der *Realisierungs*-Thematik; und zwar erscheint es systematisch in *der* Abfolge, daß *nicht* das Faktum die Verwirklichungen ingangsetzt oder hervortreibt, *sondern umgekehrt*: Das Realisierungsbedürfnis ruft nach dem Faktum, schafft es und *setzt es sich* und seinen Folgegestalten als gegeben *voraus* [11]. Die zu verwirklichende Freiheit bindet sich an ihre notwendigen Bedingungen, also an eine „sichtbare Kirche" und damit wieder an deren notwendigen Grund, den „Stifter", der jener Kirche allein Realität geben kann, also selbst wirklich sein muß.

Mochte Kant damit auch die wesentlichen Konstruktionsmerkmale für die Tatsächlichkeit Jesu angegeben und in der besagten Skizze einer „vollständigen Religion" (S. 180) sogar erste Schritte getan haben, diese *anschaulich* werden zu lassen an der „Möglichkeit und sogar Notwendigkeit eines Beispiels, für uns Urbild der Nachfolge zu sein" (S. 181), — die Konstruktionsprinzipien verlangten aber nach *weiterer* Durchführung. Die Wirklichkeit schöpferischer Tätigkeit, der Freiheit, mußte ihrer Kraft und „Realität" innewerden, indem sie ihre Behauptungen einlöste, also nicht allein erklärte, *wie* ein „Faktum" erzeugt werden müsse, sondern *indem sie es erzeugte*. Im wirklichen „Objekt" konnte ihre eigene Realität wahreren und lebensvolleren Ausdruck finden als in der bloßen Darlegung von Konstruktionsprinzipien. Diese ist zwar an ihr selbst auch eine erschöpfende Explikation der Freiheitsrealität, als produktiver Vollzug nämlich [12]. Aber sie bringt sich dabei *ihr selbst nicht* zur Anschauung, ihr *Leben,* ihr Sein wird nicht zum Thema, tritt nicht vor sie, ist ihr nicht zur *wirklichen* Vorstellung geworden.

Hegel ist in seinem „Leben Jesu" den von Kant vorgezeichneten Weg gegangen. Gerade weil es *gegen den ersten Augenschein* ein *spekulatives* Werk ist, dürfen die

---

10 K. Barth glaubt an dieser Stelle „etwas von den Rändern des kantischen Problembegriffs" entdecken zu können: „Zum erstenmal in dieser Religionsphilosophie wird hier unzweideutig gesagt, daß die *Konkretion,* die von Kant sonst immer vor Allem als verdächtig oder mindestens als bloßes Adiaphoron behandelte, grundsätzlich *notwendig* ... ist." „Indem Kant den Begriff der Kirche als vernunftnotwendig aufweisen will, — redet er von der Kirche in ihrer Sichtbarkeit auf einmal doch in ganz anderem Ton und mit ganz anderem Gewicht, als wir ihn über die parallelen Begriffe der positiven Religion, der Bibel und des historischen Christus reden hörten" (Die protestantische Theologie, S. 259). Kants „Konkretion" ist einer vernünftigen Herleitung ebensowenig entgegengesetzt, wie es diejenige von K. Barth oder irgendeine sonst sein kann, sie ist vielmehr deren *Verdichtung,* ihre spekulative Objektivierung.
11 „Wenn wir nun einen Lehrer *annehmen,* von dem eine Geschichte (oder wenigstens die allgemeine nicht gründlich zu bestreitende Meinung) sagt, ..." In dieser hypothetischen Art wird das Stück über den „Stifter" begonnen und durchgeführt, das „Faktum" erzeugt und entwickelt (RS, S. 176–181), so daß *auf spekulativem Grund* keimhaft eine Art von „Leben Jesu" entsteht.
12 Der konkrete, geschichtliche Jesus bringt der Frömmigkeit darum keinen Gewinn und läßt sich nicht in eine unmittelbare religiöse Beziehung überführen, weil er *genuin theoretisch* ist. Ebenso wie das Ideal Kants weist er als eine Theorie-Gestalt über sich hinaus auf reale Lebensvollzüge.

Konturen der Jesus-Gestalt für Hegel nicht festwerden. Vielmehr wird das in ihr veranschaulichte „Leben" seine Realität eben darin erweisen, daß es sich über seine Gestalten immer wieder erhebt.

B. Die historische Konkretisierung des Freiheitsgeschehens und die Einsicht in ihre Unabschließbarkeit

Hegels „Leben Jesu" ist *ein Anfang,* dem andere Versuche folgen *mußten,* weil das prinzipiell Unmögliche unternommen war, die Freiheitsrealität als *gegebene* vorzustellen und thematisch zu machen. Sie gerinnt in jedem Bild, in jeder Theorie zu einem Festen, das gerade darin ihrem Wesen widerspricht. Sie kann sich in ihrer Wahrheit angemessen überhaupt nur indirekt, im Vollzug der vorstellenden Tätigkeit selbst zeigen, also in immer neuen Selbsterweisen[13].

Was *Kant* zur Darstellung gebracht hatte im freien Umgehen mit den tradierten Stoffen, indem er die Möglichkeit ihres Zustandekommens im Spiel der Einbildungs- und Phantasiekräfte aufdeckte, das konnte *Hegel,* sofern er Freiheit als verwirklichte darlegen wollte, nur gelingen, indem er eben eine jede Durchführung durch eine andere ablöste und in der Unerschöpflichkeit des Produzierens den überzeugendsten, weil „theoretisch" allein möglichen Beleg für die Freiheit gab[14].

Man pflegt gerade diese Seite an Hegels Werk im Gefolge eines hartnäckig fortwirkenden Vorurteils zu übersehen[15].

Hätte das „Leben Jesu" nur eine Verständigung über den biblischen Stoff im Sinne der herkömmlichen Theologie sein sollen, so wäre ein gewisser Abschluß, ein Zur-Ruhe-Kommen dieses Vorstellens zu erwarten gewesen. Es müßte sich bei Hegel ein halbwegs sicheres Bild des geschichtlichen Jesus, bzw. der allerersten Anfänge des Christentums finden[16]. — Das Umgekehrte ist hingegen der Fall:

---

13 „Allein mit dieser historisch-pragmatischen Arbeit beruhigte er sich noch nicht, sondern scheint eine noch ausführlichere Darstellung derselben beabsichtigt zu haben" (Hegels Leben, Berlin 1844, S. 53). K. Rosenkranz, dem schon seinerzeit die Frühschriften zugänglich gewesen sind, denkt hier nur an die nachfolgenden „theologischen" Fragmente, doch wirkt diese „Unruhe", Freiheit an ihr selbst zur Anschauung bringen zu wollen, generell als die Triebkraft seiner *gesamten* denkerischen Entwicklung, so daß es in Hegels Leben immer von neuem „ausführlichere Darstellungen" geben wird, auch wenn diese dann nicht mehr als „Geschichte Christi" kenntlich sind.

14 Man wird auch das Erzeugen immer neuer „System"-Entwürfe durch Fichte und Schelling mit größerem Recht als indirekte Darstellung von Freiheit, denn als vergebliche Bemühung um das „vollkommene" System lesen.

15 Vgl. z. B. E. Bloch: „Es bleibt Hegel wesentlich, alles Innere nach außen gebracht und alles kantisch Offene abgeschlossen zu haben, zugunsten des gewiß vorhandenen, aber auch bedenklichen Gewinns eines ausgeführt beendeten Systems" (Über Methode und System bei Hegel, es 413, S. 23).

16 Wie wenig dies zutrifft, lehrt eindrucksvoll ein Blick auf D. Fr. *Strauß,* dessen diesbezügliche Beobachtungen darum ausführlicher wiedergegeben werden sollen. Strauß berichtet: „Die wichtigste Frage wurde uns bald die, in welchem Verhältniß zum Begriff die geschichtlichen Bestandtheile der Bibel, namentlich der Evangelien, stehen: ob der histori-

Beginnend mit der ersten Konkretisierung im „Leben Jesu" entstehen in rascher Folge *immer eindringendere Meditationen,* bzw. Vergegenwärtigungen dieses Lebens, in denen fortschreitend das *spekulative* Umgehen mit dem Stoff deutlicher hervortritt und selbstverständlich geübt wird. Gegenwärtige Fragestellungen und Betrachtungsweisen beginnen sich auf das engste mit den überkommenen Stoffen zu verbinden und ihnen ein neues, reicheres Aussehen zu geben[17]. Nirgends steht die Tatsächlichkeit der biblischen Geschichte und ihrer Hauptgestalt dabei eigentlich zur Diskussion, vielmehr scheint sie wie von selbst gewährleistet zu sein oder sich eben in der vergegenwärtigenden Belebung zu ergeben. Aber nach ihrer *äußeren,* konkreten Seite tritt sie *mehr und mehr* in den Hintergrund zurück. Stattdessen nehmen die Erwägungen zum *inneren,* geistigen Geschehen in den Geschichten, das Erheben der in ihnen beschlossen liegenden Möglichkeiten und der ihnen eigenen „logischen" Konsequenzen, das Ermitteln der Reichweite von Auseinandersetzungen, die sich in ihnen andeuten usf., in auf-

sche Charakter zum Inhalt mitgehöre, welcher, für Vorstellung und Begriff derselbe, auch von dem letzteren Anerkennung fordere; oder ob er zur blosen Form zu schlagen, mithin das begreifende Denken an ihn nicht gebunden sei. Suchten wir hierüber in den Schriften *Hegels* und seiner vornehmsten Schüler Belehrung: so fanden wir gerade diesen Punkt, über welchen wir vor allen anderen Licht wünschten, am meisten *im Dunkel gelassen* (Hervorhebung d. Vfs.). Bei *Hegel* namentlich in der Phänomenologie, zeigt sich die ganze Zweideutigkeit des Begriffs der Aufhebung an diesem Punkte. Bald schien gegenüber von dem erreichten Begriff der Sache die Geschichte als blos vorgestellte fallen gelassen, bald mit der Idee auch die Historie festgehalten zu werden; es war nicht klar, ob das evangelische Factum nur nicht in seiner Vereinzelung, sondern zusammen mit der ganzen weltgeschichtlichen Reihe von Verwirklichungen der Idee, das Wahre, oder ob die Concentration der Idee in jenem Einen Factum nur eine Abbreviatur für das vorstellende Bewußtsein sein sollte" (Streitschriften, 3. Heft, Tübingen 1841, Neue Ausgabe, S. 57f.

Wohl waren Strauß zu dieser Zeit die JS noch unbekannt – die Referate von Rosenkranz erschienen erst 1844 –, aber an seinem Urteil hätte sich kaum etwas ändern können, wenn es über die Hegel-Schüler gleichzeitig heißt: „Es ist nur der Schein der Freiheit, welchen man uns vorspiegelt, wenn man uns über das Factum hinaus zur Idee nur darum führt, um uns von der Idee wieder zum Factum als solchem zurückzulenken. Dadurch sind wir um keinen Schritt vorwärts gekommen, sondern mit einem unverhältnismäßigen Aufwand von Bemühung auf dem Standpunkte des orthodoxen Systemes stehen geblieben. Zwar gibt sich die Vorstellung, und näher die Geschichte, welche wir auf diesem Wege gewinnen, für eine aus dem Begriffe wiedergeborene aus; allein dieses Vorgeben wird dadurch verdächtig, daß an der Vorstellung und Geschichte sich so gar nichts verändert, daß sie in allen Theilen die Gestalt beibehalten hat, welche sie im alten kirchlichen Systeme hatte. Dieß führt unabweisbar auf die Vermuthung, daß sie in der That unbewegt in ihrer Stelle liegen geblieben, und der angebliche Durchgang durch das Denken nur ein Blendwerk gewesen sei" (S. 58).

17 Schon vom „Leben Jesu" schreibt Dilthey: „Und nun verlegt er diesen *seinen* Standpunkt und *seinen* tiefen, bitteren persönlichen Gegensatz gegen die statuarische Religion, ihre Dogmen und ihre Zeremonien in die Zeit des Christentums ... Es ist dies der erste Fall, in welchem Hegel seinen Kunstgriff anwendet, Vergangenheit tiefer zu verstehen aus dem, was ihn als noch gegenwärtiges geschichtliches Leben umgibt. Dies Verfahren wird einen wichtigen Teil seiner historischen Methode bilden" (Jugendgeschichte Hegels, S. 21/22).

fallender Weise zu, und bald dominieren ganz die *im historischen Feld* angesiedelten *Reflexionen*, welche nicht verleugnen – und das vermutlich auch gar nicht sollen –, daß sie in ihrer Differenziertheit nur der *Gegenwart* entstammen können. Und so entsteht eine „Historie", in welcher sich Gegenwart und Vergangenheit zu einer festen Einheit verbinden, deren Bestandteile nicht mehr nach der einen oder anderen Seite zu verrechnen sind, ja die alle Merkmale dessen hat, um der Gegenwart willen veranstaltet zu sein und *diese* in ihrem Gegebensein *vorzustellen*.

Der Weg vom „Leben Jesu" bis hin zum „Geist des Christentums", ja über diese unveröffentlichten Manuskripte hinaus bis zur „Phänomenologie", den späteren Hauptschriften und der unausdrücklichen Einheit des Gesamtwerkes[18] läßt sich beschreiben als ein Weg von eherner Konsequenz, als der immer neu unternommene Versuch, die Freiheitsrealität zu versinnlichen, oder auch als *Weg des Fortbestimmens der christologischen Vorstellung*. Besonders die auseinander hervorgehenden einzelnen Jugendschriften zeigen, daß der Versuch geschichtlicher Konkretion keinen Abschluß finden kann, sondern von prinzipieller *Unendlichkeit* ist. Der erste Entwurf eines Lebens Jesu, wie schlicht und geschlossen er zunächst auch erscheinen mag, muß sich dem Autor entpuppt haben als Werk der Willkür, gewissermaßen als eine Moment-Aufnahme, der beliebig viele andere beizugesellen wären, – je nach Intensität der Vertiefung, nach Auswahl unter den vorhandenen Vorstellungen und Quellen, nach Reichtum des betrachtenden Geistes, nach Zeitpunkt und Standort, in und aus welchem die Konkretisierung erfolgt.

Hegel hat gleichsam die Herausforderung dieser Einsicht angenommen und versucht, durch stärkst mögliche Versenkung in den Gegenstand und sein Wesen, sowie durch das Aufbieten aller verfügbaren gedanklichen Mittel über diese Beliebigkeit der Konkretion hinauszugelangen und ihn „wirklich" zu erfassen. Und je mehr er sich in ihn versetzte und die geschichtliche Szenerie entwickelte, desto mehr wurde dieser „Gegenstand" zum Träger und Gefäß von Hegels Gedanken; desto mehr fielen Gegenwart und Vergangenheit ineins; desto mehr rückten *Vorgestelltes und Vorstellen* neben- und *ineinander*, desto mehr trat an die Stelle der geschichtlichen Gestalt das Fließen der sie fixieren sollenden Reflexionen selbst. Es war, als hole man einen Gegenstand in immer neuer Vergrößerung zu sich heran, bis der Punkt erreicht zu sein scheint, an dem nicht mehr unterschieden werden mag, ob noch der Gegenstand oder schon das Sehen „Gegenstand" ist; obgleich sich alle Gegenständlichkeit in diesem Punkte gerade aufhebt, also nach der Seite des Sehens wie nach der des Gegenstandes das Gegenstandsbewußtsein gerade schwindet. Hier scheint der Umschlagsort zu sein, an welchem „Sehen" als „Leben" und „Vernunft" als „Natur" selbst erfahren werden.

---

18 Mit dieser „Einheit" ist mehr gemeint als die enzyklopädische, welche Hegel mehrfach als Theorie der Wirklichkeits-Einheit ausgebildet hat. Die Abfolge seiner Werke tritt zu einer Vergegenwärtigung von Leben zusammen, die auch die „Enzyklopädien" umgreift, in keiner Weise aber auf diese zurückgebracht werden kann.

Die Jugendschriften künden von einer enormen Dynamik, in welcher sich Hegels Entwicklung etwa zwischen 1795 und 1798/99 vollzogen hat. Und sie hat ihre Quelle in der ersten Konkretisierung Jesu, die im Anschluß an Kants Religionsschrift unternommen wurde. Sie führte nämlich zu der Entdeckung, daß diese Konkretisierung *nicht* endgültig als gegeben *festgemacht* werden kann, sondern zu unentwegt neuen Konkretionen forttreibt, in denen sich schließlich die produktive Tätigkeit selbst ausmacht und thematisch wird und jene Fülle zum Zeugnis ihrer „Unendlichkeit" nimmt (vgl. den Schluß der „Phänomenologie des Geistes" von 1807).

Das unscheinbare „Leben Jesu" enthält keimhaft die Notwendigkeit von Hegels gesamtem philosophischen Weg: Die Verdichtung der Freiheitsrealität zu *einem* leibhaftigen *Leben* führt unvermeidlich auf dessen Unabschließbarkeit und innere Unendlichkeit, also über jede einzelne in ihm liegende und ihm mögliche Konkretion hinaus. Wird der Weg dieser Konkretisierungen verfolgt, so reiht sich gewissermaßen eine „Vergrößerung" an die andere und die konkrete Vorstellung Jesu löst sich darum in die Wirklichkeitsfülle hinein auf, weil sich Freiheit im Geschehen dieses Vorstellens „realer" zur Darstellung bringen kann als in einer einzelnen ihrer Vorstellungen. Sofern die Weltfülle selbst als Veranschaulichung der Freiheitsrealität erscheint, begrenzt sich die Jesus-Vorstellung aber auch zur Partikularität, und als solche kommt sie dann nochmals als Moment des Ganzen vor, obwohl sie andererseits in die Weltfülle aufgehoben ist.

1. Die zweifache Darstellung von Freiheit im geschichtlichen Vorstellen

Wenn *Hegel* das kantische „Ideal der vollkommenen Menschheit" als geschichtliche Vorstellung vollzieht, es belebt und leibhaftig macht, dann scheint es sich zunächst um eine höchst *einfache* Historisierung zu handeln: darum nämlich, daß *Jesus*, dem Lehrer der Tugend, nur die aktuelle Moral- und Freiheitslehre *Kants* in den Mund gelegt wird; hält man sich an *diese*, so hat man im Grunde den gesamten Gehalt von Hegels „Leben Jesu" und seine darstellerische Absicht vor Augen[19].

In Wahrheit schließt diese „einfache" Historisierung aber einen *komplizierteren Tatbestand* ein, auf welchen Hegel in der Ausarbeitung des „Lebens Jesu" gestoßen sein muß und um dessen gedankliche Durchdringung er in der Folgezeit bemüht blieb. Seine Würdigung verbietet es, sich bei der Interpretation allein an die Jesus in den Mund gelegte *Lehre* zu halten; hingegen ist deren Einbettung

---

[19] Vgl. etwa Dilthey über das „Leben Jesu": „Die Lehre Christi wird zum moralischen Glauben Kants umgedeutet" (Jugendgeschichte Hegels, S. 19). Oder Schmidt-Japing: „So tut Jesus nichts anderes, als was der Kantianismus in der neueren Zeit tut. Wie Kant den ‚Nimbus um die Häupter und Unterdrückter der Erde' verschwinden läßt (Hegel an Schelling am 16.4.95), so kämpft Jesus bei den Juden vor allem gegen die Abhängigkeit von äußeren Größen, gegen die Heteronomie der fremden Autorität, für die Würde des wahren Selbst" (a.a.O., S. 16 unter Bezugnahme auf JS, S. 75). Entsprechend kommt es zum Urteil: „Der Grundzug dieses Lebens Jesu ist also durchaus kantisch-rationalistisch rationalistischer als Kant selbst" (S. 20).

in ein ausgeführtes Lebensganzes, das *Zugleich* und Miteinander von vorgestelltem Lebensverlauf und *in* diesen gesetzter Lehre zu ergründen.

Wenn auch das *Schicksal* Jesu hier noch ohne deutlichen Akzent ist und nicht von ungefähr weithin unbeachtet geblieben ist, so baut sich in der literarischen Durchführung dennoch die Vorstellung dieses Lebens erstmals bei Hegel als *Realisierung* des Ideals auf, welche dann *innerhalb* dieser Realisierung im Munde Jesu *noch einmal* thematisch wird, sofern *hier* nämlich die kantische Freiheitslehre erscheint.

Diese *zweifache* Behandlung der Freiheitsthematik im gleichen Text ist das ungewöhnlichste Merkmal des „Leben Jesu". Sie stellt sich anscheinend mit einer gewissen Zwangsläufigkeit dort ein, wo die Realisierung der Freiheit ausgesagt werden soll. Dabei stellt es keinen Einwand dar, wenn gesagt werden muß, daß die hier gezeichnete „Theorie" noch arm und das vorgeführte „Leben" gegenüber der von ihm getragenen Lehre noch ohne eigenes Gewicht sind. Ausschlaggebend ist allein der Umstand, daß sich ein erster Versuch abzeichnet, die tatsächliche Realisierung der Freiheit zu ihrer Theorie ins Verhältnis und in *einem* Zusammenhang zur Darstellung zu bringen. Und es macht die eigenartige Dynamik der ferneren Entwürfe Hegels aus, daß sich in der Theorie die beiden Elemente immer mehr aufeinander zu bewegen: Je reicher sich das „Leben" entfaltet, also die Realisierung der Freiheit vorgestellt werden kann, desto mehr verschwindet die „Armut" der Theorie, ja diese selbst aus dem Vorstellungsgefüge, indem sie mit der Lebensrealisierung identisch wird, was im Bereich der „Theologischen Jugendschriften" als Bemühen um das *Schicksal* Jesu erscheint. Sobald jedoch dieses in der Vollgestalt erreicht scheint, weist das vorgestellte Realisierungsgeschehen wieder über sich als über eine bloße Theorie hinaus auf die Wirklichkeitsbezüge in ihrer lebensmäßigen Vollgestalt selbst – ganz entsprechend wie bei Kant.

Sofern der *Vollzug* des Vorstellens als eigentlicher Erweis der Freiheitsrealität gemeint und gewollt ist, kann die *einzelne Vorstellung* immer nur beschränkter Inhalt, nur *Bestandteil* des umfassenden Freiheitsgeschehens sein. Sie rückt also auch dann als bloßes Moment *in* das Bild dieses Geschehens ein, wenn sie den Anspruch erhebt, eben das umfassende Freiheitsgeschehen selbst aussagen und versinnlichen zu können. Mit Notwendigkeit kommt es demnach dort, wo die im „Ideal" vorgestellte Freiheit bewußt in Anspruch genommen wird, zu dessen *zweifacher* Repräsentation. Einmal ist es anwesend *als die Durchführung* des Versinnlichens, und dann erscheint es nochmals als Einzelbild, als besondere Vorstellung *innerhalb* des Prozesses; einmal also unkenntlich, weil *„aufgelöst"*, zum andern konkret und *partikular*, eingebettet in eine Reihe anderer Vorstellungen.

Der Wille, das „bloße" Ideal Kants zu realisieren, führt somit bei Hegel in bezug auf die christologische Vorstellung *von Anfang an* auf das spannungsreiche Problem einer „zweifachen" Darstellung Jesu. Während er indirekt „gegenwärtig" ist und sich erzeugt *als* das geschichtliche Bilden, konkretisiert er sich inmitten dieses Bildens als bestimmtes geschichtliches Leben gewissermaßen ein zweites Mal. Obwohl er vor allem in dieser Konkretion als das individuelle, tatsächliche *Leben* angeschaut wird, bleibt diese Vereinzelung weitaus ärmer und zurück hinter der potentiell unendlichen Fülle des Bildens, welche sich zunächst fast unmerklich zum „Bild" eines wachsenden Geschichtsganzen zu fügen beginnt, so daß er schließlich sein wahres „Leben" doch in *diesem* zur Anschauung bringt.

Die in das Vorstellen eingelassene Vorstellung verhält sich zu jenem wie die Abstraktion zur Lebensfülle, so daß die Zuordnung beider auch als ein Versuch genommen werden muß, das Verhältnis von Theorie der Freiheit und ihrer Wirklichkeit auszusagen, wobei das scheinbare Paradox entsteht, daß der konkrete, geschichtliche Jesus für die bloße „Theorie" und die „Geschichte", in welche er als ein Mensch neben anderen, als ein Ereignis unter zahllosen anderen eingezeichnet ist, für die Lebensunendlichkeit und die Wirklichkeit überhaupt zu stehen kommen.

Ob nun das Bild des Geschichtsverlaufes schon breit ausgeführt oder nur erst schematisch skizziert ist, — diese Frage bleibt zweitrangig neben dem Umstand, daß in jeder entsprechenden Gestaltung beide Elemente, die Theorie *und* die Verwirklichung derselben auf dem Boden *einer* Vorstellung ausgesagt und in ihr verbunden sind.

Ohne Zweifel waren die denkerischen Mittel zunächst noch beschränkt, als sich Hegel dem Unternehmen verschrieb, die „Vorstellung" des kantischen Ideals durchzuführen; denn ihre Entwicklung war eben die Frucht der Bemühungen um diese Aufgabe. Aber von Anfang an erbrachte ihm die Durchführungsabsicht, der wirkliche Vollzug der Vorstellung, das *Einrücken des lebendigen Vorstellens in die Vorstellung* selbst: Wenn Jesus die Freiheitstheorie oder -lehre in den Mund gelegt wird, dann erscheint er eben als der *produktive Ort* dieser Theorie. Und es ist unschwer zu erkennen, daß damit Kants vorstellendes Bewußtsein, die vorstellende Tätigkeit selbst in die Vorstellung eingegangen ist und *neben* der „Theorie" als deren Wirklichkeit erscheint.

Dies anfängliche Einrücken des Vorstellens in die Vorstellung, dies Veranschaulichen der unbegrenzten Lebendigkeit in dem *einen Leben,* stellt das vorwärtstreibende Prinzip in Hegels Entwicklung dar. Aus ihm resultiert — wie das zunehmende Aufgesogenwerden von Jesu „Lehre" durch die Darstellung von Jesu Schicksal und Leben zeigt — die Abkehr von aller „bloßen" Theorie, die Hegel später vielfach in das Gewand der Kant-Kritik und das der Polemik gegen die Aufklärung kleiden wird. In dieser Abkehr drückt sich sein Wille aus, das wirkliche Leben im Vorstellen zum Erscheinen zu bringen, es in diesem seine Äußerung und seinen Selbsterweis haben zu lassen, es gleichsam *als* Vorstellen zu identifizieren.

In Hegels erstem, noch beschränktem Durchführungsversuch, dem „Leben Jesu", ist demnach das aktuelle Vorstellen als „Leben" Jesu symbolisiert, während das Festgewordene, Bleibende, also das Produkt der vorstellenden Tätigkeit insgesamt, hier als „Lehre" Jesu veranschaulicht wird. Wohl scheint es noch immer allein auf diese „Lehre" anzukommen, aber die unauffällige Repräsentation ihres Entstehungsortes, das Hinzutreten des Lebens und sein Dabeisein in der Vorstellung leiten einen tiefgreifenden Wandel ein: Die Lehre, das Feste, verliert seine Festigkeit und beginnt sich insofern zu „verlebendigen", als man es hervorgehen, *werden* sieht. Zudem verliert die Lehre ihre Einmaligkeit formal auch schon dadurch, daß das „Leben" auf dem Boden der Vorstellung als ebensolche *neben* sie tritt und sie damit relativiert. Damit steht der Sache nach die *Wesensgleichheit* von Lehre und von so gezeichnetem Leben, nämlich jeweils *vorgestellt* zu sein, vor Augen, und die Ausarbeitung dieser Wesensgleichheit drängt sich nun wie von selbst machtvoll auf. Nun kann und soll das in beiden Elementen ausgesagte und verfestigte Leben zum eigentlichen Thema werden: Während sich die abstrakte Lehre zum reichen Leben des geschichtlichen Jesus entgrenzt, gewissermaßen auflöst, macht dies Gefälle zur Verlebendigung bei der bloßen *Vorstellung* dieses Lebens auch nicht halt. Vielmehr richtet sich die Anstrengung darauf, auch noch die Bildhaftigkeit, das Theoriesein *dieses* Lebens zu durchbrechen und es zur Lebensfülle selbst werden zu lassen[20].

Der Wille, das Freiheitsgeschehen zu *veranschaulichen,* macht wohl die Vorstellung in ihrer Gesamtheit indirekt zu dessen Gefäß, Freiheit erscheint *als* diese Vorstellung. Zugleich aber macht sie sich unvermeidlich zum *Moment* innerhalb dieser Vorstellung, zu einem Bestandteil des stets umfassend verstandenen, darum auch immer ins Allgemeine gehenden Bildes dieser Freiheit. Insofern kommt es im Zuge eines *jeden* entsprechenden Versuchs der Veranschaulichung zu einer *Vorstellung in der Vorstellung,* ohne daß die beiden ineinander aufgehoben werden könnten. Vielmehr macht die „innere" alle Wandlungen der anderen mit: Sie sind jeweils *entsprechend* abstrakt oder durchgebildet, oder – und darum geht es hier – entsprechend unter dem Prinzip des Verlebendigens.

Wenn also das *Bild* dieses Lebens wie angedeutet etwa in Richtung auf Lebensfülle durchbrochen werden soll, wenn also die Scheidelinie zwischen dem „Leben" als vorstellender Tätigkeit und „Leben" als Vorgestelltem fließend sein soll, dann schlägt sich dieser Aufhebungsvorgang doch wieder innerhalb des Bildens, der dabei entstehenden Anschauungen nieder als ein eigenes Bild, in das sich die besagte Gesamttendenz zusammenfaßt.

Entgrenzt sich also das Freiheitsbild „lebendiger Jesus", entfaltet er sich zur Geschichte, zur Fülle unbegrenzten Werdens, zu einem scheinbar nicht bildhaften Bild, sondern zur sog. geschichtlichen „Wirklichkeit", aber eben doch zur *Szenerie* eines unermeßlichen Prozesses, – dann tritt *mitten in diesem Prozeß* das Bild dieser Unermeßlichkeit so wirklich hervor, wie dieser Prozeß selbst wirklich ist. Inmitten desjenigen Geschichtsganzen, das ein „wirklicheres", lebensvolleres Bild des Freiheitsgeschehens abgeben soll, als es das „Leben" Jesu in seiner Beschränktheit wäre und das darum zu jenem entgrenzt wurde, erscheint *nun* dieses Leben Jesu *aufs Neue,* ein zweites Mal. Und so wie er nun ist, kann an ihm das Ganze und dessen

---

20 Daß die Lehre im „Leben Jesu" so deutlich als Lehre kenntlich bleibt, als Theorie also, das vermutlich führt Schmidt-Japing zu dem Urteil, die Schrift sei „rationalistischer als Kant selber" und „entspreche Hegels eigenen Forderungen nicht im geringsten" (a.a.O. S. 14). Er übersieht die Ansätze für alles Spätere, an dem er mißt.

Wesen abgelesen werden, ist er doch Bild der gesamten Welttätigkeit, „Faktum", vorhanden wie die letztere.

Aber weil das besondere „Faktum" alle Wesensmerkmale des großen Prozesses hat, dieser aber unausgesetzt vom bloßen Bildsein zur vollzogenen Wirklichkeit hin „fließt", eignen diesem lebendigen Jesus ebendiese Eigenschaften des Fließens und des Übergehens in anderes.

Wohl hat er auf der einen Seite dieselbe feste Kontur, wie der Geschichtsprozeß im Großen und in seinen Einzelheiten sie haben soll, weil er aber wie dieser über die bloße Theoriehaftigkeit hinausdrängt, sucht er sich in *echte* Wirklichkeit zu überführen, ohne in einem historischen Sein ganz aufzugehen oder seinen unaufhebbaren historischen Ort zu finden.

Hegel hatte, um dieser verschlungenen Zusammenhänge Herr zu werden, den gesamten Weg seiner philosophischen Entwicklung auszuschreiten. Der teilweise fulminante Gang seiner Entwurfreihen zeigt aufs eindrucksvollste, welche Problemballung im christologischen Vorstellungsbereich vorliegt. Sein Wille, das Vorstellen Kants „real" zu machen, trieb ihn fort auf einem Weg, der seine eigene Logik entfaltete, auf dem es vor allem um sachgemäße Folgerungen ging, Anleihen bei anderen aber im Grunde nutzlos sein mußten.

2. Die Veranschaulichung von Leben im Bild der Geschichte

Von einer zwingenden inneren Einheit des Lebens und der Lehre Jesu kann in Hegels Biographie Jesu also nicht die Rede sein. Entsprechend fehlt der Gestalt auch die natürlich erstrebte *Lebendigkeit:* Dieser Jesus ist nur der recht zufällige Träger einer allgemeinen Theorie und besitzt keine eigene Leuchtkraft, welche allein ihn der „fernen" Vergangenheit entreißen und der Gegenwart verbindlich machen könnte. In ihm ist noch keine Veranschaulichung von *Leben überhaupt* gelungen. Nach dem beschriebenen Grundsatz der Entsprechung enthüllt die Jesus in den Mund gelegte Theorie gewissermaßen auch den „nur" vorstellungsmäßigen, theoretischen Charakter des diese Theorie hervorbringenden Lebens. Lebensvoll verspricht die Gestalt erst dann zu werden, wenn alle Züge des Theoretischen in ihr getilgt sind, — wobei klar sein dürfte, daß sich das Prädikat des „Lebensvollen" danach bemißt, wie sehr und wie weitgehend sich *gegenwärtiges* Leben in ihr versammelt und ausgesagt findet.

Das Tilgen des Theoretischen muß also in *beiden* Elementen der Vorstellung, muß im „Leben" und in der „Lehre" erstrebt werden, — ein Vorgang, der gleichsinnig damit ist, daß die Elemente ineinander überführt werden können. Praktisch kommen dabei die beiden denkbaren Fälle dieser Annäherung überein: Es macht im Ergebnis keinen Unterschied, ob der Weg verfolgt wird, die eingelassene „Lehre" zum Leben zu *weiten,* oder ob umgekehrt das als Ort der Produktivität vorgestellte „Leben" ihr Produkt vollständig in sich auflöst.

Das um der Veranschaulichung von Leben willen in Gang kommende Bewegungsgeschehen zwischen „Leben" und „Lehre" ist der Versuch, das beschriebene Zustandekommen einer „Vorstellung in der Vorstellung" wieder aufzuheben. Diese

Aufhebung kann man auch begreifen als das Hervortreten oder Bewußtwerden der in beiden Elementen gleichermaßen wirksamen produktiven Tätigkeit, bzw. als das *Leben* in beiden. Wird nun an dem ursprünglichen Vorsatz festgehalten, anstelle des distanzierenden Räsonnements *über* Vorstellungen diese wirklich zu vollbringen, dann ergibt sich *erst hier* das *Leben* des geschichtlichen Jesus in seiner Vollgestalt: Weil es als die *Einheit* von produktivem „Ort" und den ihm entspringenden Erzeugungen zustande kommt, entsteht es als wirkliches, lebensvolles Bild der den nachdrücklichsten Lebens-Erweis darstellenden Vorstellungstätigkeit, entsteht es als *Leben* selbst [21].

Hiermit beginnt jedoch der alte Kreislauf erneut: Eine lebendige Vorstellungstätigkeit, die ihr *Leben* in ein Bild zu fassen sucht, relativiert dieses Bild mit Notwendigkeit, indem sie es ihrer Unendlichkeit und Unerschöpflichkeit als *einen* Bestandteil einreiht. Und sie muß dieses Bild auf der anderen Seite ins Unendliche zersprengen, will sie sich, will sie „Leben" auch nur annäherungsweise veranschaulichen und erfassen. Das eingeschränkte Bild kann das wirkliche, ganze Leben nicht sein. Es wird vielmehr von diesem umschlossen, und *dadurch* kommt es in der Genealogie des Bewußtseins *jetzt erst* zu einem Aufriß von „Geschichte", in dem ein *historischer* Jesus an bestimmter Stelle einen besonderen, also beschränkten Platz zugewiesen erhält. Er findet ihn im großen Ablauf des unendlichen und unergründlichen Prozesses ganz ähnlich und an systematisch vergleichbarem Ort, wie es zunächst mit der „Lehre" war, welche *in* das „Leben" Jesu gesetzt war. Geschichte als die *Wirklichkeit* des Lebens „wächst" nun gewissermaßen um dies Bild des Lebens herum nach allen Richtungen ins Unendliche fort. *Geschichte* wird nun das Gebiet, welches über bloßes Vorgestelltsein hinauszureichen und hinauszuliegen scheint: An die Stelle der einen Einzelheit tritt die Fülle der sich verschlingenden und auseinander hervorgehenden Einzelheiten; an die Stelle des Abgeschlossenen tritt das unendliche Werden; wo ein festgelegtes Bild war, erscheinen nun Abläufe, Werden und Vergehen, erscheint vor allem das menschliche Handeln als folgenreiches Wirklichkeits- und Weltprinzip. Hier erst scheint sich Leben selbst zu begeben, wird die den Vorstellungsvollzug ausmachende Lebens-*Tätigkeit* als das Lebens-Geschehen selbst empfunden und erfahren.

---

21 Zu den unveräußerlichen Bedingungen dieses Vollzuges gehört, daß die Frage, ob etwa die Gegenwart erst diese Vorstellung erzeugt, ob sie von den frühen Christen gefunden, oder ob sie in beiden Fällen in Analogie, jedoch jeweils ursprünglich entstehend zu denken ist, als *gegenstandslos* behandelt werden muß. Sie beantworten hieße ja nichts anderes, als den Vollzug um des Räsonnierens willen aufzuopfern. *Hegels* Intention und Verfahren lassen sich aus Stellen wie dieser ablesen: „Sobald man Bildlichem die Verstandesbegriffe entgegensetzt und die letzteren zum Herrschenden annimmt, so muß alles Bild nur als Spiel, als Beiwesen der Einbildungskraft ohne Wahrheit, beseitigt werden, und statt des *Lebens* des Bildes bleibt nur Objektives" (JS, S. 309). In der Aufgabe, in Jesus das Leben schlechthin veranschaulichen zu wollen, dürfte übrigens auch der eigentliche Grund dafür liegen, weshalb sich die *Theologie* mit Recht und Erfolg weigern muß, die Frage der Tatsächlichkeit Jesu als problematisch einzuräumen. *Ihr* Werk soll es gerade sein, die angegebene Vorstellung von Leben zu erbringen (vgl. unten Kap. IV).

Nicht darum wirkt „Geschichte" für die Lebensveranschaulichung geeigneter und reicher als etwa „Jesus", weil sie quantitativ, also in der Fülle der Stoffe allein überlegen wäre. Vielmehr resultiert ihre Überlegenheit vor allem aus dem durch sie hervorgebrachten Eindruck, das umfassende Lebensgeschehen selbst zu sein: In der „Geschichte" vergißt sich das Betrachter-Bewußtsein gleichsam, das Vorstellen geht in ihrer Wirklichkeit gewissermaßen verloren. Es verbirgt sich dermaßen in seinen „Gegenständen", daß *sein* Leben auf diese übergeht und aus Vorstellungen lebende „Wirklichkeiten" werden: Aus dem Tätigsein des Vorstellens wird das tätige, bewegende Prinzip der Geschichte selbst. Das dem Vorstellen mögliche Ausgreifen auf Wirklichkeit, *seine* weltgestaltende Kraft sagt sich als der die Welt unentwegt verändernde Geschichtsprozeß aus. Und als solch ein umfassendes Gestalten und Bewegungsgeschehen macht die Geschichte insgesamt erst die „Wirklichkeit" des „Lebens" Jesu aus. In ihr findet es seine umfassende Verwirklichung, seine Überführung in wirkliche Verhältnisse, seine Umwandlung von der Bild- und Theoriehaftigkeit zum wahren *Leben,* zur Einheit des Geschichtsganzen, das unergründlich *und* rational, endlich *und* unendlich, Freiheitsgeschehen in nuce *und* Kette von Bedingtheiten, vorgestellt *und* wirklich ist, das zielloses Vergehen *und* teleologische Entwicklung zugleich darstellt.

In der Geschichte versinnlicht sich die „wahre" Einheit von Denken und Wirklichkeit, enthüllt sich das Leben als schaffende Unendlichkeit[22].

Diese *schaffende Unendlichkeit* ist — sofern es mit ihr Ernst sein soll, sie also durchgeführt und als *wirkliche* genommen wird — die Aufhebung aller Beschränkungen und Grenzen: Auf keinerlei Bild läßt sie sich zurückbringen, so daß streng genommen bereits der Gedanke ihrer Einheit eine grenzende Widersprüchlichkeit darstellt. Die Unmöglichkeit, ihrer im Bild habhaft oder ansichtig zu werden, äußert sich darum im Zusammenhang des Geschichtsdenkens u. a. im Insistieren auf der Unabschließbarkeit des geschichtlichen Prozesses oder auch in der letzthinnigen Unlösbarkeit jeder beliebigen historischen Detailforschung: Das in der geschichtlichen Vorstellung angeschaute *vorstellende Leben* hält im Gegenstand die *eigene* Offenheit und Unendlichkeit aufrecht. Das Verhindern von Grenzen innerhalb dieser Unendlichkeit äußert sich beispielsweise darin, daß die Frage nach dem *Subjekt* des Prozesses nicht gestellt wird, weil sich Leben zwar immer subjekthaft erfahren dürfte, die Verwirklichung seiner Unendlichkeit aber gleichsinnig ist mit dem Un-

---

22 Die *romanhaften* Leben Jesu der Zeit stellen den aufschlußreichen Beleg dafür dar, daß sich das vorstellende Tun generell als „Leben" zu fassen strebte: Je freier die Phantasie bilden konnte, desto lebensvoller und menschennäher entfaltete sich die Christus-Gestalt zum Jesus-Leben. Die Autoren suchten auf ihre Weise das spärliche, und das hieß darum abstrakte biblische Material zu beleben. Sie liehen ihr das eigene „Leben" und gerieten in ihm ins Unendliche, stellten durchaus wirkungsvoll die Lebens-Unendlichkeit heraus. Darum hat auch nicht die Willkür des Ausgestaltens letztes Endes diese literarische Gattung erschöpft, da sie gerade wirklicher Freiheitserweis war. Vielmehr unterlag sie den Konzepten von Universal-*Geschichte* darum, weil das Leben singularisch Thema war. Dabei konnte wohl dessen Unendlichkeit gezeigt, nicht aber sie als *wirkliche* durchgeführt werden.

ausdrücklichwerden des Subjekts, mit seiner Hingabe an die Wirklichkeit und seinem Aufgehen in ihrem Werden; das Subjekt ist nämlich so etwas wie die bloße Abstraktheit des Wirklichen: mit dem Wirklichwerden der Welt vergeht die Abstraktheit, das Subjekt gelangt zur „Auflösung", und das bedeutet, daß es nun nur noch indirekt — als Weltwirklichkeit — thematisch sein kann.

Ganz ähnlich wie sich eine Vorstellung in der Vorstellung ergeben hat und analog dem „zweiten" Gestaltwerden von „Jesus" innerhalb der „Geschichte" findet die genannte Subjekt-Frage einen Ort *innerhalb* der umfassenden Wirklichkeit. Auch das „Subjekt" ist also in der „schaffenden Unendlichkeit" zweifach enthalten: einmal *ist* es das Leben in seinem Schaffen und seiner Unendlichkeit, zum andern aber ist es wieder nur Gefäß seiner „Durchführung", nur „Träger" des Lebens, aufzuhebende Grenze und Beschränkung der umfassenden Wirklichkeit, nur „Bild", unentfaltete „Theorie" des Lebens.

Hegels Denken ist in allen Stadien seiner Entwicklung geprägt von dieser *doppelten* „Anwesenheit" der *Subjekt*-Wirklichkeit: Alle Fassungen, welche er dem Leben in seiner Philosophie gegeben hat, sind auf das Unausdrücklichwerden des vorstellenden Subjektes ausgerichtet. Und in allen ist das Subjekt andererseits zu einem *untergeordneten* Moment des Wirklichkeitsgeschehens gemacht.

Diese Doppelung ist die zwingende Folge des Willens, Leben als sich vollziehendes zu präsentieren. Sie stellt wohl im Grunde die Erklärung dar für den unwiderstehlichen Reiz der Hegelschen Philosophie, für ihre andauernde Wirkungsgeschichte, für den ihr unverwechselbar eigenen „Duft" von Lebendigkeit. Denn hier lösen sich die Schranken des Subjektiven, und es tritt an die Stelle von dessen Unentfaltetheit die konkrete Lebensfülle, das nicht durch den Gedanken des Subjektes beengte „All", die schlechthin wirkliche Totalität.

Das zweifach in Hegels Philosophie enthaltene „Subjekt" verleiht ihr nun aber auch einen oszillierenden, mehrdeutigen Charakter, welcher wiederum Anlaß wird für einseitige Interpretationen. Dabei wird entweder unterschlagen, daß die Lebens-Präsentation gleichförmig ist mit dem Unausdrücklichgemachtsein des *Subjekts*, und nur die Herabstufung des Subjekts betont; oder es wird das zu realem Leben gewordene Subjekt nachträglich wieder als *dieses* identifiziert und somit die Verwirklichung, um die es zu tun gewesen war, rückgängig gemacht.

Dabei erscheint Hegel *einmal* als der Überwinder von Individualismus und Subjektivismus, als der Philosoph der großen, das Individuum einbindenden, ja nivellierenden Wirklichkeiten von Staat und Gesellschaft und Geschichtskräften überindividuellen Zuschnitts, wozu etwa auch das Christentum zählen kann.

Oder er erscheint zum *andern* gerade als der Erfüller allen Subjektivismus', bei dem „Sein" und Subjekt identisch geworden seien: Hegel als der Philosoph des bürgerlichen Individualismus oder eines weltunterwerfenden Größenwahns, einer Aufblähung des Subjekts zur Totalität, wozu auch die theologische Auslegung eine Spielart beizusteuern vermag.

Beidemale wird die ausgewogene Präsentation von Lebensfülle auf ihre Abstraktheit zurückgeworfen, die in Hegels Philosophie eingefangene Unendlichkeit des Lebens in den Grenzziehungen einseitiger Interpretationen zunichte gemacht.

Ob der einzelne Mensch auf dem Weg zu sich selbst mehr oder weniger ausgeprägt und vollständig gleichsam das von Hegel aufgezeichnete Werden des Geistes nachzuvollziehen hat, oder ob er sich nur einen Platz irgendwo *inmitten* des sogenannten „Systems", eine nie bedeutsame Stellung inmitten des allgemeinen Weltprozesses zuweisen kann, *das* ist nicht die Alternative, vor die ein Mitvollzug Hegelschen Denkens führt; denn sowenig sich der Einzelne mit der Welt- und Wirklichkeitsfülle tatsächlich im Vollsinn identisch machen kann, sowenig vermag er sich auch in der Kargheit, ja Armseligkeit der inmitten der Fülle als Einzelmoment thematisierten Subjektivität wiederzuerkennen. Versuchte Identifikationen mit jeweils *nur einer* Weise, in der das Subjekt „anwesend" ist, versagen dem Einzelnen wesentliche Elemente seiner Selbsterfahrung, und d.h. seines „Lebens": Entweder bleibt die Erfahrung von Unendlichkeit ausgeschlossen, oder die Totalität zehrt die Einzelheit auf und läßt der Gegenerfahrung von Besonderheit und Beschränktsein keinen Raum.

Richtig verstanden gehören beide Weisen, das Subjekt zu vergegenwärtigen, unlösbar zusammen und machen allein in ihrer Widerspannung die so überaus fesselnde Präsentation von Leben aus: In der genannten Doppelung des Subjekts sind die gleichermaßen realen Gegenerfahrungen von Unendlichkeit und Beschränktheit miteinander verbunden. Leben ist nicht einfach die unendliche Fülle, so wenig es Beschränktheit allein sein kann, vielmehr ist es beides zugleich.

Verwehrt ist einer angemessenen Hegel-Interpretation die Gleichsetzung des individuellen Subjekts mit dem weggearbeiteten, unausdrücklich gemachten Subjekt ebenso wie diejenige mit der thematischen Subjektivität; aber in beiden Erscheinungsweisen schaut sich der Einzelne an, nur in ihrem Miteinander ist wirkliches Leben auszusagen. Das Bewegungsgeschehen (– formelhaft und leer immer wieder „Dialektik" genannt –) zwischen der unendlichen Wirklichkeitsfülle und ihrer abstrakten Zusammenfassung vermittelt dem Mitdenkenden das Bewußtsein und Wissen, als einzelnes Subjekt wirkliches Leben zu sein: Um das „wirkliche Leben" in seiner Unendlichkeit zu präsentieren, bedarf es des Aufbaus der *gesamten* Wirklichkeit, in der das Subjekt via „Leben" unausdrücklich enthalten gesetzt wird. Umgekehrt vermag sich das amorphe, unendliche Leben überhaupt nur in einer „Theorie" seiner selbst, gedanklich-abstrakt also zu erfassen: Es besondert sich zum Einzelsubjekt inmitten seiner Unendlichkeit, um überhaupt „wahr" zu sein. Und so weisen Lebensfülle und Einzelheit, Leben und Theorie, Wirklichkeit und Subjekt immer neu aufeinander zurück, ohne ineinander aufgehen zu dürfen: Beide Elemente *zusammen* machen in ihrer Widerspannung die Unmittelbarkeit (!) des Lebens aus.

Es ist das lesende, mitdenkende – nicht das in dieser Philosophie direkt oder indirekt thematisch gewordene – Subjekt, das sich durch die Vermittlung dieses hochgradig theoretischen Bewegungsgeschehens in *seiner* Unmittelbarkeit erfährt und erfahren soll. *Ihm* gehen der unendliche Lebensreichtum und dessen Subjekthaftigkeit auf, und in eben dieser Unmittelbarkeitserfahrung ist der eigentliche Bereich dieser Philosophie verlassen, seine buchstäbliche Grenze überschritten. Aber gerade weil das Subjekt in den angeschauten reichen Gestalten *sich* identifiziert hat, seiner Lebensunendlichkeit *und* seiner Subjekthaftigkeit gleichermaßen inne ist, in ihm als dem einzelnen, individuellen Subjekt beide Elemente gewissermaßen also identisch sind, trägt es die Erfahrung dieser Identität nun in die philosophische Theorie gleichsam zurück und identifiziert dort den ausgefächerten Lebensreichtum *als* „Subjekt".

Dieser Vorgang ist doppelgesichtig: Während er auf der einen Seite die Anstrengung der Hegelschen Philosophie in einem Zuge zunichte macht, stellt er auf der anderen auch einen konsequenten Anwendungsfall derselben dar: Obwohl nämlich die Hegel-Interpretation völlig zu Recht einer „subjekthaften" Auslegung *innerhalb* der Texte wehren muß und eine Zurücknahme der durchgeführten *Verwirklichung* des bloß Abstrakten, des „Subjekts", nicht zulassen darf, besitzt die nicht von ungefähr immer wieder aufbrechende und fast unwiderstehlich erfolgende Identifikation der von Hegel entwickelten Lebensfülle mit dem (wie auch immer beschaffenen, jedoch meist undeutlichen) „Subjekt" gleichfalls tiefe Berechtigung. Es war ja dargelegt worden, daß die Unmittelbarkeitserfahrung sich jenseits, *außerhalb* der philosophischen Theorie begibt: Sie ist *lebensmäßig*, im eigentlichen Wortsinn „wirklich". Angesichts dieser Wirklichkeit, inmitten dieser Erfahrung von „Leben" *verblaßt* der als Philosophie dargestellte Lebensprozeß buchstäblich zur bloßen Theorie; er ist nichts anderes als dessen gedankliche, immer *abstrakt* bleibende Fassung. Und ganz entsprechend wie sich auf dem Boden der Hegelschen Systematik Abstraktheit und konkrete Fülle im Schema von „Subjekt" und „unendlichem Leben" gegenübertraten, so entwickelt die im Gegenüber zur wirklichen Lebensunmittelbarkeit deutlich als Theorie, bzw. „Philosophie" erscheinende *Abstraktion* des Lebens eine auffällige *Affinität* zum Begriff des *Subjekts,* worin sehr wohl die Wiederkehr einer Hegelschen Einsicht außerhalb ihres Terrains erblickt werden darf: Die Interpretation hat sich ihrer bemächtigt und wendet sie konsequent auf das Verhältnis von jeweils aktuellem Leben und Hegelscher Philosophie an. Diese findet sich der wirklichen Unendlichkeit von jenem gegenübergestellt als ihre Theorie, wozu sie sich umso mehr in einem umfassenden Sinne anbietet, als sie eine thematische Durchführung eben der Unendlichkeit zu sein beansprucht.

Indem die Philosophie Hegels im Prozeß des unendlichen Lebens als dessen *Theorie* nun an der entsprechenden Stelle figuriert, an welcher innerhalb ihrer das *momenthafte* Subjekt gestanden hat, wird sie unversehens wie dieses zur unentbehrlichen Gestalt für die Selbsterfassung von Wirklichkeit: Sie wird zur dominierenden Theorie der Neuzeit. Des weiteren folgt daraus die entsprechende Tendenz, unausdrücklich und d. h. *real* zu werden: Sie wird einer permanenten Verwirklichung entgegengetrieben, vom Kopf auf die Füße gestellt, usf. Schließlich – und darauf kommt es in diesem Zusammenhang vorerst besonders an – offenbart sich die Affinität zur Subjekthaftigkeit darin, daß sie insgesamt als eine Theorie des *Subjekts* verstanden wird: Es wird der Versuch unternommen, das in ihr abgeschilderte „Leben" subjekthaft zu identifizieren. Allen einschlägigen Versuchen ist freilich dies gemeinsam, daß sie das gewählte „Subjekt" *innerhalb* des Wirklichkeitsganzen nicht lokalisieren können und daß es damit immer über menschliches Maß und über die Anschaulichkeit hinausliegt. Das kann auch nicht anders sein, weil es sich dabei um nachträgliche Subjektivierungen eben des Wirklichkeitsganzen handelt: Gott, Geist, reines Selbst, reine Subjektivität, auch Gesellschaft oder Geschichte, – dies alles sind solche versuchten Subjektivierungen der Totalität, welche darin richtig gelesen sein wollen, daß sie im Gefolge Hegelscher Philosophie nur Bezeichnung von Abstraktheit sein können, weil das thematische Subjekt immer bildhafte, komprimierte Fassung der eigentlichen unendlichen Wirklichkeit, des unbegrenzten Lebens meint, bzw. ist. Subjekt- und Theoriehaftigkeit stehen dabei gewissermaßen vice versa. Das „Subjekt" hat im Vorgang der Lebensvergewisserung, bzw. seiner Veranschaulichung den Rang, als theoretischer Vorgriff auf die wirkliche Unendlichkeit *unverzichtbar* zu sein, ja im Lebensvollzug gleichsam automatisch zu entstehen. Aber seine gesonderte Realität steht hierbei nicht als diskussionswertes Problem an. Als „Theorie" strebt es vielmehr unentwegt auf Realisation hin, auch wenn derselben im „Subjekt" dauerhaft ihre Theorie zur Seite bleiben muß.

Überall dort, wo die Hegel-Auslegung die Subjekthaftigkeit dieser „Lebens-Phänomenologie" herauszustellen trachtet, schmälert sie also nicht Breite und Fülle der in sie eingegangenen Wirklichkeit, oder verengt sie diese gar auf individuelles Maß. Vielmehr ist eben die Betonung des „subjektiven" Charakters die Betonung eines Mangels, Hinweis auf die Notwendigkeit der Verwirklichung, auf die nicht subjektiv eingeschränkte Fülle, die jenseits der Theorie liegt. Oder wenn man es positiv wendet: Hinweis auf die Notwendigkeit des abstrakten Bildes von Gesamtwirklichkeit, das ausgebildet wird, um der letzteren zum Leben zu verhelfen.

Es soll noch gezeigt werden, daß die Philosophie Hegels zwar mit der Erkenntnis abschließt, „nur" Philosophie, nur Theorie der Wirklichkeit zu sein (vgl. das Ende der „Religionsphilosophie"; dazu s. u.), daß jedoch das damit verbundene Bekenntnis zur Esoterik keineswegs, wie das immer wieder geschieht, als Ausfluß von Resignation gelesen sein will, sondern als die Beschreibung des Wirklichkeitsgeschehens, welches ein Wechselverhältnis darstellt zwischen Bild und Leben, zwischen konzentrierter Theorie und unanschaulicher Fülle, ein Verhältnis, das nur wirklich „lebt", wenn seine beiden Seiten durchgeführt werden, wenn also dem konkreten Fortgehen in die wirklichen Verhältnisse die korrespondierende Theorie zur Seite geht. Dies kann man die Geburtsstunde des neuzeitlichen Theorie-Bewußtseins, oder auch der modernen Subjektlehre nennen; denn angesichts der sich rapide steigernden Differenzierungen im wachsenden System sogenannter Wirklichkeit bedurfte es einer entsprechend differenzierten „Subjekt"-Lehre, und die war nur noch vom „Esoteriker" zu erbringen und nicht mehr darauf angewiesen, von jedermann, der am Wirklichkeitssystem und dem in ihm „unausdrücklich gemachten" Subjekt partizipierte, ausdrücklich mitvollzogen zu werden. Der Automatismus, daß die umfassende wirklichkeitsbildende Tätigkeit sich *in* der Totalität auch als Moment besondert, brachte die komplexe Subjekt-Lehre hervor. Und sofern die Subjektivität als das eigentliche Thema der *Theologie* erscheint, ist die esoterische Theologie der Neuzeit deren genuines Pendant, ihr „Subjekt" kaum identifizierbar oder zu lokalisieren, auch nicht wirklich im üblichen Sinn des Wortes; dagegen tendenziell als Summe aller Wirklichkeit gesetzt und mit dem Gefälle zur Konkretheit und zur Realisierung ausgestattet, sich darin als „lebendig" erweisend, daß es unentwegt der Selbstentgrenzung unterliegt und als „besonderes" eben nicht verwirklicht werden kann.

Wohl scheint die eigentlich „theologische" Qualität der Theologie darin zu liegen, daß sie das Subjekt „sein" läßt, als „wirklich" nimmt; aber dieses Wahrmachen des Subjektes unterstreicht nur den innigen und unauflöslichen Zusammenhang von Theologie und allgemeinem Wirklichkeitsgeschehen. Denn das „Sein-lassen" ist ja nichts anderes als eben das Wirklichkeitsgeschehen insgesamt, so daß dieses sich verstehen läßt als das Verwirklichen der Theologie.

Wie auch umgekehrt das „Sein-lassen" des Subjektes (etwa als Existenz Gottes) verstanden werden kann als Aussage über das „Sein" der Wirklichkeitsfülle. Das bedeutet, daß es bei der Gotteslehre im engeren Sinne und dem Festhalten an diesem „seienden" Subjekt nicht auf die Identifikation eines Wesens ankommt, sondern auf die Durchbildung *eines Bestandteils* für die Lebensveranschaulichung, die sich aus *beidem,* aus der Präsentation von Fülle *und* von Subjekt zusammensetzt.

Insofern reicht die Theologie als thematische Subjektlehre für sich allein genommen niemals aus zur Erfassung von Leben, vielmehr befremdet sie als „unwirklich", abstrakt und „unmenschlich".

Nur im Zugleich von Wirklichkeitsfülle und Theologie ist dem Individuum „Leben" erschlossen, wird es seiner Unendlichkeit und seiner Subjekthaftigkeit inne.

Die Theologie macht also zusammen mit den wirklichen Verhältnissen und Geschehnissen eine Einheit aus, die *als solche* Leben veranschaulicht und Lebensgefühl vermittelt. Und auf diese *Einheit* sieht sich jedes Individuum bezogen, weil allein in ihr Unmittelbarkeit und Lebendigkeit offenliegen.

Ob Unmittelbarkeit und individuelle Erfahrung von Leben das eigentliche Ziel der Theologie oder der Hegelschen Philosophie darstellen, mag außerordentlich umstritten sein, nachdem in beiden Fällen das Geschehen der *Vermittlung* in den Mittelpunkt gerückt ist. Die Frage verlangt hier keine endgültige Klärung. Immerhin aber bleibt festzuhalten, daß jede nur denkbare Gestalt von „Vermittlung" ihrerseits stets selbst eine Fassung von unmittelbarem Leben ist, aus diesem fließt und damit die grundlegende Lebenstätigkeit selbst, also das alle Vermittlungen Tragende, in den Blick bringt.

Vieles spricht dafür, daß es zwischen dem Prozeß des Unausdrücklichmachens des Subjekts und demjenigen einer unentwegten Vermittlung nicht nur äußerliche Parallelen gibt: Subjekt und Unmittelbarkeit könnten dort *wirklich, lebensmäßig* sein, wo ihre abstrakte Behauptung aufgehoben ist und statt ihres bloßen Begriffs oder des einfachen Genanntwerdens ihre *Entfaltungen sind.*

Welches „Leben" auch immer mit Theorie-Gebilden in Berührung kommt, die gerade jede Unmittelbarkeit wegzuarbeiten und jede bloße Subjekthaftigkeit in die Kette der realen Vermittlungen zu überführen trachten, – ob individuelles oder (sofern das denkbar ist) überindividuelles: In diesen Berührungen vermittelt sich diesem Leben eben seine *Unmittelbarkeit,* sein „Leben". Es wird ihrer darum inne, *weil* es sich nicht selbst, nicht direkt will, sondern allein in der Hingabe an die vermittelnden Gestalten ist. Das gilt für die christliche Lehre vom „Mittler" ganz ebenso wie von der Philosophie des „Vermittelns": Der Weg der Selbstentäußerung führt zum „Leben".

Die unentwegte Vermittlungstätigkeit schließt also Unmittelbarkeit nicht etwa aus, sondern vermag diese zu ihrem eigentlichen Ziel zu haben. Dies gilt nicht etwa nur für die christliche Lehre vom Mittler, die zweifelsfrei auf das individuelle „Heil" zielt; es gilt nicht minder für Hegels Auflösung des Subjekts, für sein „Vermitteln": Im Vermittlungsgeschehen selbst scheint die unmittelbare, elementare Lebenstätigkeit auf, wie sie jedes Individuum erfährt und *ist.*

Insofern kann der Einzelne sehr wohl das Ganze dieser Philosophie auf sich beziehen und an ihr zu Recht *seiner* Lebendigkeit und Unendlichkeit innewerden, *seine* Unmittelbarkeit erfahren. Nicht beschreibt sie in ihrer Ganzheit das Sein dieses besonderen Einzelnen nach dessen individuellen Zügen, aber sie gibt dem *Leben,* das er ist, Anschaulichkeit. Und sie wird erst vor *seiner* Unmittelbarkeit zur „Philosophie", zur bloßen Theorie, welche das *wirkliche* Leben nicht ist, sondern außer sich hat, so daß in gewisser Hinsicht *jedes* individuelle Leben qua Unmittelbarkeit und Wirklichkeit auch der vollkommensten philosophischen Theorie überlegen bleibt.

Es sei hier nur angemerkt, daß die Hegel-Kritik von Kierkegaard, welche den unendlichen Wert des Einzelnen gegen dessen vermeintliche Nivellierung durch Hegel mit so großem Nachdruck geltend macht, ohne Mühe als eigentliche Konsequenz des Hegelschen Denkens begriffen werden kann; aber bei Hegel war die Unmittelbarkeit darum das greifbare Resultat, weil sie unausdrücklich gehalten war. Sie thematisieren heißt: sie abstrakt machen und ihr die Wirklichkeit nehmen.

Die Philosophie Hegels hatte sich selbst schon „abstrakt" gemacht, indem sie auf wirkliche Lebendigkeit jenseits ihrer hinzeigte und *Unmittelbarkeit im Zugleich* von „Theorie" und unausdrücklichem Ganzen erzeugte. Sie selbst brachte sich damit als Faktor des Wirklichkeitsgeschehens ins Spiel und bot sich gleichsam zum Zweck dieser Unmittelbarkeit als *Gestalt des Vermittelns* an, als das Instrument ihrer Herbeiführung.

Wenn nun eine neue Zeit gekommen ist, eine solche, die der beschriebenen Unmittelbarkeit *umfassend* hingegeben ist, dann gibt es auch nicht einmal mehr den Schein, als könnte in irgendeiner einzelnen, besonderen Theorie *Unmittelbarkeit* enthalten sein: Das Wissen um den *vermittelnden* Charakter von Theorie ist allgemein geworden und *in* ihren Ausprägungen wird Unmittelbarkeit gar nicht mehr für möglich gehalten, also auch nicht mehr gesucht. So ist es nur folgerichtig – und eben Zeichen einer neuen Zeit –, wenn bei Betrachtung der Hegelschen Philosophie für diese gerade das Aufgehobenwerden des Unmittelbaren gelten und charakteristisch sein soll: Die *als* unausgesetztes Vermittlungsgeschehen erfahrene Unmittelbarkeit findet sich in dieser Theorie-Gestalt nicht wieder.

Das ist die Erklärung dafür, daß etwa T. Rendtorff hervorhebt (vgl.: Kirche und Theologie. Die systematische Funktion des Kirchenbegriffs in der neueren Theologie, 1966, bes. S. 88ff), daß Hegel „in Widerspruch zu der Unmittelbarkeit des Subjektivitätsbewußtseins der Zeit" (S. 103) gestanden habe, und daß die Unmittelbarkeit des endlichen Subjekts „nurmehr individuelle Bedeutung" ... „nicht mehr den Ton der unendlich wichtigen Bedeutung" besitze.

Hier wird völlig zu Recht im Bewußtsein, der wirklichen Unmittelbarkeit teilhaftig zu sein, die nur gedankliche Fassung – und nicht anders vermag das „Subjekt" hier anwesend zu sein – zum „endlichen" Moment erklärt. Nur muß diese Auslegung von dem Mißverständnis freigehalten bleiben, das endliche Subjekt sei ein Geringes; denn um seiner überhaupt nur als unendlichen Lebens, das es darstellt, innezuwerden, braucht es der Vermittlung einer ganzen „Welt".

Wie wenig sich das schaffende Unendliche auf irgendeine Anschaulichkeit eingrenzen läßt, zeigt sich vor allem darin, daß die *Geschichte* schließlich *selbst* als ein *Vorstellungssystem* bewußt wird: Es ergibt sich, daß selbst die scheinbar unerschöpfliche Kapazität geschichtlichen Bildens nicht ausreicht, das umfassende, aktuell wirkliche Leben in sich zu verkörpern; denn gerade dem letzteren gegenüber begrenzt sich die Geschichte von selbst zum nur *vergangenen* Leben, zu einem Schattenreich und Abglanz unmittelbaren Lebens, zu einer Bilderwelt, deren Stärke, *wirkliches* Geschehen zu repräsentieren, an der Gegenwart zerbricht. Wohl übertrifft sie alle vergleichbaren geschlossenen Bildwelten auf Grund ihrer unendlichen Kapazität, aber sie behält das freie und „wahre" Leben *außer* sich, will nur auf dieses

hinführen, den Geschichtsstrom in die Gegenwart einmünden lassen, diese über ihre Vorgeschichte und die Stufen ihres Werdens zwar aufklären, nicht aber ihre Unmittelbarkeit und ihr Offensein für unberechenbare Entwicklungen und Neues schmälern. Sie ordnet sich dem aktuellen Leben gewissermaßen als Bild zu, das wohl einen Beitrag zu seinem Verständnis leisten will, ihm aber qualitativ nicht gleichrangig sein möchte. Jede Gegenwart ist immer auch das Ende der Geschichte: Unmittelbarkeit anstelle der nur denkmäßig geeinten Elemente von „Wirklichkeit" und Vorstellen. Insofern strebt die Geschichte unaufhörlich auf ihr „Ende", nämlich auf wahre *Realisierung* zu. Und das nicht in dem Sinn, daß die *in* ihr einmal hervorgetretenen Ideale und Ziele auf Verwirklichung hindrängen würden, oder daß sie insgesamt ein Ziel hätte — das alles sind nur wieder vorstellungsmäßige Bestandteile das Geschichtsdenkens selbst —; vielmehr tendiert das geschichtliche Vorstellen auf die Überwindung ihrer selbst als einer bloßen *Theorie* des Lebens. *Sie* will abgetan und verlassen sein in Richtung auf „Praxis", auf wirkliche Verhältnisse.

Der Wille zur Praxis geht aus der Theorie selbst hervor und wäre ohne sie nicht, hat diese also zu seiner steten Erneuerung unentwegt nötig. Insofern meint die Rede vom Abtun und Verlassen der „Geschichte" keineswegs die Abkehr von einem irgendwie verfehlten Weg, Leben zu veranschaulichen. Vielmehr drückt sie aus, daß diese umfassende Theorie auf das eigentliche, unmittelbare Leben bezogen ist und *seinetwegen* allein erzeugt wird, also mediales System ist, zweckgebundene — *Theorie*. Und dagegen läßt sich auch nicht der Einwand erheben, daß doch die wirkliche Geschichte und die Vorstellungen ihrer zweierlei seien und deutlich unterschieden werden müßten. Denn das Reden von der „wirklichen Geschichte" kann wieder nur im Kontext des Vorstellens erfolgen, sie selbst bleibt unerreichbar, bzw. in dem Begriff, der alles geschichtliche Vorstellen begleitet, schlägt sich gerade der Wirklichkeitsanspruch, die Lebensgemäßheit dieser Theorie nieder. Das „historische" Sein und Leben weist nachdrücklich auf die Realität des vorstellenden Lebens hin, von dem es sein Blut und seine Farbe erhält. Aber umgekehrt erscheint das akutelle Leben nur in seiner Leistung des Realisierens, und insofern gilt ebenso, daß die Gegenwart dem historischen Leben ihr Blut und ihre Farbe verdankt.

Hier ist der Punkt, an dem Gegenwart und Vergangenheit, Vorstellen und Vorstellung, Wirklichkeit und Theorie ihre Wesensgleichheit zu enthüllen und ineinander zu fließen scheinen, so wie Hegel dies in der „Phänomenologie des Geistes" durchführt. Hier ergibt sich die Suggestion einer Auflösung aller Schranken und einer Präsentation des fließenden Lebens selbst.

Allerdings kann am Ende auch diese wohl sublimste Fassung des Problems, Denken und Leben zur Synthese zu bringen, an ihr selbst nur zum Vorschein bringen, daß Leben und Theorie in ihrer *Widerspannung* eine Einheit ausmachen: Die vermeintliche Synthese tritt als neue Theoriefassung *der* Wirklichkeit hervor, welche sich *gegenüber* der Theorie als das umfassende Geschehen lebensmäßig und *real* vollbringt.

Beide Elemente erst in ihrem *Auseinandersein sind* Leben und vermitteln allein in ihrem Bezogensein die Unmittelbarkeit, die darum nicht identifiziert werden darf als das *eine* Element eines der Theorie gegenüber gerückten Lebens. Dieses tritt als wirkliches nur im *Zugleich* der Elemente „ins Leben". Und als dieses Zugleich kann es nur unausdrücklich sein, weil es andernfalls der „Theorie" allein anheimfiele.

Alle Stadien der Hegelschen Entwicklung sind gekennzeichnet vom jeweils wieder „vorhandenen" unausdrücklichen Zugleich. Und der Hinweis auf das immer *außerhalb* der philosophischen Zugriffe bleibende wirkliche Leben dürfte geeignet sein, das Vorurteil vom anscheinend „geschlossenen" System Hegels zu zerstören. Mag vielleicht auch die Triebfeder dieses Denkens darin gelegen haben, die jedem Synthetisierungsversuch von Denken und Leben stets von neuem gegenübertretende Wirklichkeit einholen zu wollen, — zum wirklichen Leben traten seine Produkte mit der konkreten Wirklichkeitsfülle erst in einem imaginären Einheitspunkt zusammen, der in die Philosophie nicht eingehen kann.

C. Die Entgrenzung von Geschichte durch Hegel und ihr Partikularwerden im System

Als Hegel damit begann, die „bloße" Vorstellung Jesu, wie sie in Kants Religionsschrift gebildet war, geschichtlich zu verifizieren, als er eine Vita Jesu entwickelte, da zeugten sein Vorgehen und Verfahren von dem Willen zur *Verdichtung*: Der Eindruck eines Ungefährs und der einer gewissen Beliebigkeit im Vorstellen sollten ausgeschlossen sein zugunsten der klar umrissenen, der *begrenzten* historischen Wirklichkeit. An die Stelle des zeitlosen, immerfort neu entstehenden Bildes von Leben sollte das beschränkte *eine* Leben gesetzt sein in seiner Einmaligkeit.

Das *Steigern* des bloß Vorgestellten zur geschichtlichen Wirklichkeit stellte *jedoch* — entgegen den äußerlichen Zeichen des Komprimierens und Konzentrierens — *schon im Ansatz* nach jeder nur denkbaren Richtung hin einen *Entgrenzungsvorgang* dar. Denn der Wille zur Belebung begnügte sich gerade nicht mit dem spärlichen Produkt des Vorstellens, nicht mit dem kargen Bild, sondern entfesselte alle zu Gebote stehenden Imaginationskräfte zum Erreichen der „Wahrheit". Er vertiefte sich in die erreichbaren historischen Materialien, ordnete sie „schlüssig" an und fügte alles zu einem reicheren, lebensvolleren Gebilde zusammen. Dieses übertraf das erste Bild, das Ideal, trotz seiner plastischen Vereinzelung im Auftun seiner realen Lebens-Unendlichkeit, die sich sowohl als innere Unerschöpflichkeit wie auch als das Übergehen in seine Umgebung zeigt. Das letztere ist das interessantere Phänomen, weil es selbst wieder Ausdruck der *inneren* Unerschöpflichkeit ist, und soll hier betrachtet werden.

Das *Übergehen des Lebens in seine Umgebung* ist gleichbedeutend mit seiner Realisierung, welche der eigentliche Selbsterweis von Leben ist. Denn nur in seiner „Äußerung", also in seinem buchstäblichen Hineingehen in anderes zeigt sich Leben als wirkliches und wirkendes. Und wo immer „Leben" ist, dort erfolgt auch die Einwirkung auf das andere. Das Leben offenbart sich nur in seiner unaufhörlichen

Selbstentgrenzung. Es ist immerwährend das besagte Übergehen in anderes, in seine (!) *Umgebung.*

Diese Umgebung *wird* erst in dieser Selbstentgrenzung und wäre ohne das in sie einfließende Leben nicht, müßte ebenso „tot" und nichtssagend sein, wie das „reine", bei sich selbst festgehaltene „Leben" unwirklich bliebe.

Leicht wird sich begreiflich machen lassen, daß jeder Umgang mit „Geschichte" insgesamt das Erzeugen einer solchen „Umgebung" für das jeweils gegenwärtige, aktuelle Leben darstellt. *Hier* aber geht es vorerst nur um das Hervorwachsen von „Geschichte" aus dem „Ideal", um das Entstehen des umfassenden Systems geschichtlicher Wirklichkeiten aus dem sich realisierenden „reinen" Leben, wie es eben im Ideal fixiert war, um den Aufweis dessen, daß *Hegels* Realisierung des Kantischen Ideals auch eine konkrete historische Umwelt im Gefolge haben mußte, auf die hin sich das „reine Leben" entgrenzte: Dem wirklichen Jesus wächst hier auch die ebenso wirkliche Umgebung zu. Und worauf es besonders ankommt: Das in die „Umgebung" eingegangene Leben beginnt von jener *aufgesogen zu werden,* seine Darstellung immer mehr in ihr und ihren Lebensprozessen zu finden, nicht mehr abgehoben und eigens thematisiert zu sein. Wenn das Durchführen der Vorstellung durch Hegel zuerst das gleichzeitige Beleben von Jesus und jüdischer Umgebung war, so beginnt sich das Interesse immer mehr auf die Entgrenzung des „reinen" Lebens zu verlagern, bzw. darauf, wie es *in* seiner „Umgebung" erscheint, wie es sich *als* diese begibt. Statt des äußeren Geschiedenseins von „Leben" auf der einen und seiner geschichtlichen Umwelt auf der anderen Seite, statt des Verhältnisses zwischen zwei gegeneinander relativ selbständigen historischen Wirklichkeiten, wird Hegel ihre innere *Einheit,* ihr wahres Ineinander aufsuchen, also *das Leben der Umgebung selbst* betrachten – und nicht das gegen sie vereinzelte und auf sie „einwirkend" gedachte Leben des Ideals.

Denn dieses „Leben des Ideals" – gerade das stellt sich in den Hegelschen Entwürfen heraus – *ist* die „Umgebung", – wie ausgreifend man diese auch immer verstehen mag. *Ihr* „Geist" wird ergründet und entwickelt, und zwar so, daß er als die umfassende Wirklichkeit erscheint, in der das „reine" Leben *enthalten* ist, aber eben nicht als abgespaltene, besondere Gestalt, sondern als überall unausdrücklich anwesendes Gesamtleben.

Wenn Hegel *nacheinander* den „Geist" des Pharisäismus, des Judentums („Positivität", bes. S. 148ff), der römischen Welt (Positivität, bes. S. 220ff) und den des Christentums als den der Gemeinde (vgl. u. a. S. 335) zu bestimmen suchte, dann müssen darin Anläufe zur *Realisierung* des Ideals erblickt werden. Hegel entgrenzt es mit dem Ziel, das Leben statt in seiner abstrakten Reinheit in seinen Wirklichkeiten anschaulich zu machen. Und dabei entsteht jeweils der zwingende Eindruck, daß sich in Jesus dann so etwas wie das Lebensprinzip der betreffenden Gemeinschaften äußert: Er wird gezeichnet als die reine Fassung ihres Geistes und Lebens, nicht aber als der sie von außen her Prägende und sie Umwandelnde. Er gehört ihnen genuin zu und erklärt sich völlig aus ihnen.

Es zeigt sich, daß die Durchführung des Kantischen Ideals nicht zu einem wirklichen Menschen führt, sondern zu einer wirklichen „Umgebung" des Ideals als zu dessen „Leben". Und es zeigt sich des weiteren, daß diese Umgebung solange *schematische* Züge aufweist, solange sie sich als *besonderer* „Geist" manifest werden will. Sie kann noch gar nicht in die Wirklichkeit überführt sein, solange sie von einer Abstraktion ihres Wesens begleitet ist. Erst wenn dieses „Ideal" vollkommen in ihr aufgelöst und verschwunden ist, verliert sich an ihr alles Unwirkliche und Idealisierte.

Die Jugendschriften Hegels — mögen sie im Hinblick auf das Werden seines Denkens auch von kaum zu überschätzender Bedeutung sein — wurden mit großer Wahrscheinlichkeit darum nicht vom Autor veröffentlicht, weil sie die erstrebte Realisierung des Ideals noch nicht hatten vollbringen können. Die „Umgebung" des Lebens blieb partikular, blieb jüdische oder römische Welt, weil sich ihr die Besonderheit, in der das historisierte Ideal festgehalten wurde, mitteilte. Ihr „Geist" wurde als bestimmter, einzelner erfragt, nicht aber als das Leben selbst. Sollte die „Umgebung" das *ganze* Leben veranschaulichen, dann mußte auch die Entgrenzung des Ideals total sein: Es mußte sich völlig auflösen in seine Verwirklichungen hinein. Und eben diese hatten dann auch der Unbeschränktheit angemessenen Ausdruck zu verleihen: Aus der Frage nach dem Geist der römischen Welt oder nach dem des Christentums mußte die nach dem *Geiste überhaupt* werden.

Die einzelnen Fragmente stellen deutliche Vorstufen dar für die „Phänomenologie des Geistes", in der die Unbeschränktheit des Lebens darum erscheinen kann, weil auf die partikulare Wirklichkeit des Ideals verzichtet ist, es vielmehr vollkommen ins Unausdrückliche erhoben wurde und als das unaufhörliche Übergehen in anderes, als die „Flüssigkeit" des Entgrenzungsgeschehens allenfalls geahnt werden kann. Das letztere schließt naturgemäß auch alle geschichtlichen Verfestigungen ein, deren Partikularität sich in ihm enthüllt.

1. Das wirkliche Leben im Bewegungsgeschehen der Phänomenologie und die indirekte Darstellung seiner Ganzheit

Noch in keiner Interpretation der „Phänomenologie des Geistes" ist es überzeugend gelungen, irgendeine im Text anklingende geschichtliche Wirklichkeit zweifelsfrei der Sphäre der Anspielungen zu entreißen und endgültig zu identifizieren[23].

---

23 Das muß selbst für den wohl bisher scharfsinnigsten Versuch auf diesem Gebiet gelten, den E. Hirsch angestellt hat, indem er im Abschnitt über die Moralität die deutschen Romantiker und ihr Denken porträtiert fand. Es geht nämlich bei diesen Analysen nicht ohne spürbare Gewaltsamkeiten und ohne kühne Kombinationen zu, denen sich der Tatbestand dennoch nie restlos fügt (vgl.: Die Beisetzung der Romantiker in Hegels Phänomenologie, in: Die idealistische Philosophie und das Christentum, 1926, S. 117ff).

Die Problematik ist auch ersichtlich aus der verbreiteten, darum jedoch nicht weniger bedenklichen Gleichsetzung des „unglücklichen Bewußtseins" mit dem Geist und Wesen des Christentums. Gegen das betreffende Vorurteil hat sich neuerdings zu Recht W. Pannenberg gewandt (Die Bedeutung des Christentums in der Philosophie Hegels, in: Gottesgedanke und menschliche Freiheit, 1972, bes. S. 83f), allerdings unter Inkauf-

Entsprechende Versuche glücken schon darum nicht, weil entweder mit jeder bestimmten Verifikation auch der von Hegel eingefangene Beziehungsreichtum verloren geht, also das *gleichzeitige* Angerührtsein verschiedener Wirklichkeitsbereiche preisgegeben wird. Oder sie scheitern daran, daß sich nicht die *gesamte* Gestaltenreihe des Buches in gleicher Weise identifizieren läßt. Ein dabei zu unterstellendes *Gemenge* von geschichtlichen und von gedanklich-dialektischen Stoffgruppen aber bringt für das dann nur partiell durchführbare Identifizierungsverfahren als solches erhebliche Dunkelheiten mit sich. Unter anderem wird es zweifelhaft, weil die ermittelten geschichtlichen Gestalten entweder überhaupt nicht in die Kontinuität einer historischen Linie gebracht werden können, oder aber einem Ablauf eingegliedert sein müßten, für dessen Aufbau und innere Konsequenz auch ahistorische Elemente bemüht wären, die sich im Geschichtsgefüge gar nicht auffinden lassen, obwohl ihnen im Duktus der Gedanken-Entwicklung jeweils eine unentbehrliche Position zugemessen wird [24].

Sicher ist es kein Zufall, daß eine *durchgehende* Verifikation der „Phänomenologie" noch nicht unternommen wurde. Ihr Fehlen dürfte dabei wohl weniger aus der Unmöglichkeit resultieren, die einschlägigen Stoffmengen zu beherrschen, als aus der Erkenntnis, daß eine entsprechende Auslegung dem Grundcharakter des Buches *zuwiderliefe*.

Demnach müssen auch die *im einzelnen* unternommenen Identifikationen dann als verfehlt gelten, wenn sie mehr sein wollen als bloße Hinweise auf *mögliche Assoziationen*; wenn sie eindeutige Konkretionen herstellen, wo das Ineinanderspielen mehrerer Geschichts- und Wirklichkeitsbilder gemeint ist. Denn ebenso wie die im Text vorhandenen Sprünge, Brüche und wiederholenden Neuansätze auf (berühmt-berüchtigter) „höherer Stufe" *im Großen* die Auffassung der „Phänomenologie" als einer Geschichtsphilosophie verhindern, so verbietet das absichtsvolle Schillernlassen zwischen verschiedenen Deutungsmöglichkeiten auch *im Detail* die Festlegung von geschichtlichen Einzelheiten und Ausschließlichkeiten.

---

nahme einer anderen Identifikation (mit der jüdischen Religion, bzw. dem Geist der römischen Kaiserzeit).

Hegels Beschreibungen führen wohl auf diese Wirklichkeiten *auch,* aber sie sind nicht auf sie einzugrenzen. Vielmehr stellen sie einen Bestandteil einer *jeden* Lebensgestalt dar, weil in einer jeden das *ganze* Leben präsent ist.

24 Der Gedanke der „Entwicklung" läßt sich wohl von keiner Interpretation der „Phänomenologie" fernhalten, da die einzelnen „Stufen" einem letzten Gipfelpunkt zuzutreiben scheinen. Immerhin bleibt zu erwägen, ob nicht die teleologischen Verknüpfungen auch als bloßes mediales Prinzip verstanden werden könnten. Sie hätten dann den Zweck, das Bewegungsgeschehen zu veranschaulichen, welches das Leben selbst ist. Jedenfalls erklärt sich die Wirkungsgeschichte der „Phänomenologie" einleuchtender aus dem Eindruck, welchen das in ihr erfolgende Fließen und „Übergehen" machen, als aus demjenigen, der etwa von einer „absoluten" Endstufe ausgehen könnte, weil diese ja ohnedies nur die theoretische Fassung des als Phänomenologie ablaufenden Gesamtgeschehens ist, nicht aber ein irgendwo zu lokalisierender Zustand.

Dieses *Schillern* und die Vieldeutigkeit der einzelnen Figurationen zeigen im Gegenteil, daß es Hegel hier um die *Auflösung* des Konkreten als des Festen in einem umfassenden Sinne zu tun war, und daß im *Entgrenzen* das eigentliche Ziel der „Phänomenologie des Geistes" beschlossen liegt[25].

Oberflächlich betrachtet mag dies Entgrenzen einer Nivellierung des Konkreten, einem Verlorengehen des Einzelnen gleichkommen, in Wahrheit aber vollzieht sich in ihm eine Art von „Inthronisation" der Einzelheit überhaupt. Indem nämlich seine Grenzen gegen „anderes" weggenommen werden und aufhören, wird *jedes* Konkrete für schlechterdings *alles* durchlässig und durchscheinend: In jeder Partikularität steht gleichsam das Universum offen, weil sie als „Leben" an dessen Unendlichkeit teilhat, bzw. diese in einem bestimmten Sinne auch *ist*. Die Assoziationskette läuft von jedem beliebigen Punkte aus unaufhaltsam, weil unbegrenzt von einer (gleichfalls unbegrenzten) Gestalt zur nächsten fort, wobei diese alle als „Momente" des Lebens, somit aber auch als Momente des *eigenen* Lebens erscheinen. Nur kommt es auf die Momente als solche dabei überhaupt nicht an. Sie tragen keinen Ton, haben keinen selbständigen Stellenwert. Ihr Vorhandensein dient allein der Veranschaulichung von Lebens*realität,* die nichts anderes ist als unentwegtes Strömen und *Bewegtsein*. Sie sind „Momente" in des Wortes eigentlicher Bedeutung, erzeugt und erdacht zu dem einzigen Zweck, ihrer umgehenden Auflösung zugeführt zu werden. Und sie lösen sich gerade dadurch auf, daß gewissermaßen „neben" ein jedes „nahtlos" das nächste gesetzt wird: *imaginäre Punkte* in einer Linie, die für sich nichts sind, nur in ihr „leben" und in sie verflüchtigt sind. *Ihr* Entstehen und *ihr* Vergehen sind das Leben der Linie. Und sofern sich in dieser auch nur *ein* Punkt isolieren und „feststellen" ließe, würde sie aufhören zu sein.

Blickt man von hier aus auf die Anfänge Hegels zurück, auf den dort beobachteten Willen zur Konkretion und zur wirklichen Durchführung, wie er sich im Anschluß an die Kantische Religionsschrift entwickelt hat, dann könnte vielleicht der Eindruck entstehen, als habe sich dieser Wille nun in sein Gegenteil verkehrt[26].

Doch wird wohl nur ein allererster Blick solcher Täuschung erliegen. Indem nämlich alle Momente in ihrem Zusammenhang *ein einziges* Lebensgeschehen sind, erweist sich nun *dieses* selbst als „Konkretion" und als Durchführung, erweist sich die *gesamte* „Phänomenologie" als ein neuer Versuch, das nur Gedachte zu konkretisieren und zum Leben zu erwecken, das Vorgestellte wirklich durchzuführen.

---

25 Auf keinen Fall darf der Versuchung nachgegeben werden, das Buch von der späteren Geschichtsphilosophie aus zu interpretieren und die in dieser gebildeten Konkretionen in jenes einzutragen. Die Entgrenzungen haben wohl die späteren Verdichtungen mit heraufgeführt, nicht aber lassen sich diese in jenen ausmachen.
26 Möglicherweise liegt immer ein irgendwie ähnlicher Eindruck zugrunde, wenn in Hegels Entwicklung eine grundlegende Wende gesucht wird und wenn die Jugendschriften als „theologische" Arbeiten vom späteren Werk sachlich abgerückt werden.

Um seine ursprüngliche Aufgabe einer „Durchführung des Ideals" zu erfüllen, hatte Hegel eine ganze „Phänomenologie des Geistes" zu entwickeln gehabt. Erst in ihr gelang es ihm, die bloße Zweidimensionalität geschichtlicher *Bilder* zu überwinden.

Seine ersten „Belebungen" des geschichtlichen Jesus sowie seine Beschreibungen der römischen und der urchristlichen Welt waren am Ende doch nur in sich geschlossene, also unbewegte statische Bilder geblieben, Gemälde von *vergangenen* Wirklichkeiten, die niemanden zwingend affizieren konnten, weil sie eben gewissermaßen nur „flächig" angelegt waren: Ihnen fehlte die sich *auf den Betrachter* hin erstreckende und ihn selbstverständlich einbindende „dritte" Dimension. Bei dem Versuch, historisch *wirkliche* Gestalten hervorzubringen, hatte sich das sie konstruierende und tragende „Leben" in seinen Objektivationen gleichsam verleugnen müssen, *um* eben in ihnen „fest" und real zu werden. Es stand sich darum in diesen Bildern gegenüber als einem Fremden und letztlich Toten.

Sollte nun hingegen das *eine,* dort wie hier gleiche Leben erscheinen, wirklich und nah und ohne den Selbstwiderspruch, gerade im *Toten* anschaulich sein zu sollen, dann war die künstliche, die dem Leben widersprechende Trennung zwischen dem Vorgestellten und dem Vorstellen zu überwinden. Dann mußte eine Darstellungsweise gefunden werden, in der das Betrachten und das Betrachtete zu Momenten des umfassenden Lebensgeschehens selbst gemacht waren, anstatt daß sich diese als die verselbständigten Elemente von fixem Bild auf der einen *und* von verständnislos vor ihm verharrendem Leben auf der anderen Seite gegenübertraten.

Die „Phänomenologie" *ist* diese neue Darstellungsweise. Ihr Anliegen besteht nicht darin, eine oder auch viele geschichtliche Gestalten zum Leben erwecken zu wollen, sondern *selbst* – und zwar als Ganzheit – Bild des Lebens, selbst dessen Erscheinen zu sein.

Weil sie über das gewollte Vordringen in die beschriebene „dritte" Dimension an ihr selbst eine Art „Leib" darstellt, kann sie als *Verkörperung* von Leben, als eine Konkretion verstanden werden, die jede bloße *Rede* von einem *leibhaftigen* Jesus etwa entscheidend übertrifft: In ihr *ist* die *Erstreckung eines wirklichen Prozesses,* die echte, d. h. die ablaufende Arbeit des Denkens anstelle eines bloßen bestimmten Gedankens. Das Ideal des Lebens, das man vordem noch als einen „wirklichen" Menschen hatte reden hören und handeln sehen können, entfaltete sich hier ins Grenzenlose: Aus dem bestimmten Menschen ging die wahrhaftige Lebensfülle hervor. Das menschliche Antlitz verlor sich in die Unübersichtlichkeit der „Phänomenologie", seine klaren Umrisse zerflossen zu *aller* Wirklichkeit.

Hier wurde erkennbar, welch ein ungeheurer Aufwand für das Gelingen auch nur einer einzigen Konkretion notwendig ist, sofern diese den Namen verdient und lebendig sein soll. Die „Phänomenologie" erwies die *Abstraktheit* auch noch des geschichtlich lebendigen Jesus dadurch, daß sie sich als das Werden der einen Konkretheit vollzog, welche alle Bestimmtheiten auflöst und paradoxerweise nur so zustandekommt, daß sie selbst nicht thematisch wird: *Unausdrücklich* ist sie das Wesen des Ganzen, *indirekt* tritt sie im Vollzug des Prozesses ein, ohne je ein in ihm auch nur benennbares Moment sein zu dürfen.

Konkret ist nur das Lebendige, dieses aber kann immer nur das Ganze sein. Thematisiert man es, so macht man es zum Bestimmten und damit abstrakt. Indirekt nur ist es da, wo sich die Bestimmtheiten auflösen.

Eine solche „Thematisierung", welche das in der Phänomenologie *durchgeführte* Leben wieder *abstrakt* machen würde, wäre es auch, wenn das Buch nun nachträglich als eine „latente Christologie" oder auch als eine verdeckte Geschichtsphilosophie *identifiziert* würde. Damit träten an die Stelle der wenigstens gewonnenen *einen* Konkretion nur wieder die ursprünglichen Bilder in ihrer bloßen Zweidimensionalität und dogmatisch-historischen Unbewegtheit[27]. Es würde also dort auf die karge Formel zurückgelenkt, wo diese gerade das in ihr abstrahierte und gebundene Leben hatte freigeben müssen[28].

Freigegeben wurde es zu einem *unförmigen* Gebilde, das schon seiner äußeren Gestalt nach eine Gleichsetzung mit der *menschgestaltigen* Verkörperung des Lebens in „Jesus" ausschließt, das aber gerade *in* seiner Unförmigkeit die Anstrengung ist, *mehr* zu präsentieren als nur ein Bild vergangenen Lebens. Denn es bleibt nicht wie dieses dauerhaft unter der unerfüllbaren Forderung, lebendig sein zu *sollen*, sondern hat sich im Rahmen des Möglichen einfach als ein Lebensgebilde erzeugt und somit der Forderung des Belebens ohne Aufhebens *tatsächlich* entsprochen[29]. Indem nämlich – um bildlich zu sprechen – die „Phänomenologie" gleichsam „Gegenstand" und Auge denkbar nahe aneinander, ja man möchte fast sagen *ineinander* rückt, zerfließen die *großen* Konturen. Auf den *Umriß* einer *menschlichen* Gestalt kommt es nun offenbar nicht mehr an. Sie wandert gewissermaßen an einen fernen und verschwommenen Horizont hinaus, während das Auge bei den „nahen" und unendlicher Differenzierung fähigen Stoffen festgehalten wird[30].

---

[27] In diesem Zusammenhang hat das vielerörterte Verhältnis von *Vorstellung und Begriff* seinen eigentlichen Ort. Wenn Vorstellungen, voran die religiösen, in den Begriff „aufgehoben" werden, dann handelt es sich nicht etwa darum, ihnen einfach den „sinnlichen" Gehalt zu nehmen und sie in rein gedankliche Figuren umzuwandeln. Vielmehr sind die „auf den Begriff gebrachten" Vorstellungen *belebte*, ihrer Zweidimensionalität entnommene „Gebilde".

[28] In umgekehrtem Sinne faßt F. Wagner Hegels Vorgehen in der „Phänomenologie" auf: Hier seien „die bestimmten (christlichen) Inhalte von ihrem geschichtlichen Ursprung abgelöst und auf allgemeine Begriffe *reduziert*" (Der Gedanke der Persönlichkeit Gottes bei Fichte und Hegel, Gütersloh 1971, S. 186). Sofern Einzelheiten innerhalb der „Phänomenologie" identifiziert werden als christlichen Ursprungs, wird sich zweifellos der Eindruck einer „Reduktion" ergeben. Sieht man sie hingegen als Einheit, dann kann sie nur als eine unerhörte *Ausweitung* erachtet werden, zu welcher die „auf allgemeine Begriffe reduzierten Inhalte" nur der Weg sind. Entgrenzt ist der religiöse Inhalt zu einer als Begriffsgeschehen veranschaulichten „konkreten" Lebendigkeit.

[29] Hegels Kritik an dem Kantischen „Sollen" und sein Überbietungsanspruch beziehen sich nicht auf einen beschränkten Kreis von Moral und Imperativ, sondern auf die vermeintliche Scheidung von abstrakter Theorie und lebloser Wirklichkeit überhaupt. Dabei muß sich Hegel jedoch dauerhaft auf dem Boden der kantischen Scheidung bewegen, weil sich allen „Belebungen" zum Trotz das eigentliche Leben nicht in Theorie einschließen läßt, vielmehr dieser immer als ein neues „Außen" gegenübertritt.

[30] Hegel ist in der „Phänomenologie" nicht hinter das in den Jugendschriften erreichte historische Bewußtsein zurückgefallen, wenn er nicht mehr wie in diesen einen ge-

Über der Beobachtung der *inneren* Szenerien des Lebens, seines Funktionierens und Wachsens, seiner heimlichen Abläufe und des Ineinandergreifens von vielfältigen inneren „Systemen" usf. erlischt die ausdrückliche Bearbeitung der Gesamtgestalt: Statt im groben Umriß wird das Leben *innerhalb* seiner nur vagen Hilfslinien aufgesucht und findet sich hier als die bewegte Fülle. Und diese *Fülle* ist qualitativ einfach keine materiale *Christologie* mehr. Sie tritt dieser allenfalls als eine *analoge Bildung* an die Seite – aus gleichem Impuls, jedoch mit verfeinerten Mitteln angestrebt und *andere Ergebnisse* zeitigend.

Neben dem gleichgerichteten Grundimpuls bei Christologie und „Phänomenologie", also neben dem hier wie dort bestimmenden Willen, das nur Vorgestellte zu beleben und in ihm die lebendige Wirklichkeit selbst anschaulich und „wahr" zu machen, besteht zwischen den beiden ungleichen „Gebilden" freilich noch *eine weitere Entsprechung*: Das in „Jesus" immer *Vorstellung* bleibende „Leben" gelangt schließlich *auch als „Phänomenologie" nur zu einem gedanklichen Dasein*. Allen unerhörten Anstrengungen zum Trotz „gerinnt" die Flüssigkeit des Lebens hier zu einer Abstraktion. Das umfassende und unaufhörliche Bewegungsgeschehen erstarrt gleichsam auf dem Papier zu einem Festen und somit zu seinem Widerspruch. Indem das eigentliche Leben alles Festwerden flieht, verflüchtigt es sich auch aus dieser über die Maßen kunstreichen Veranstaltung und setzt diese Fixierung als ein Moment *in sich selbst, rückt es also herunter:* Die versuchte Repräsentation des Lebens entpuppt sich ihrerseits als *bloße Vorstellung* des Wirklichen, das sich in ihr als in einer Art „Ideal" erfährt – und entgrenzt[31]. In dem Augenblick gewissermaßen, da das gesteckte Ziel erreicht und die *Einheit* von Vorstellen und Vorstellung in einer Geist-Phänomenologie wahr geworden ist, wird also *außerhalb* dieser Einheit, *jenseits* ihrer, die *lebendige,* die „eigentliche" Wirklichkeit sichtbar.

Die „Phänomenologie" offenbart sich als *Theorie* des Wirklichen.

Diese Theorie ist nun freilich doch in anderer Weise auf Wirklichkeit bezogen als das „Ideal der Gott wohlgefälligen Menschheit": Dieses war Vorstellung im Umschluß bloßer Gedankentätigkeit; *sie* jedoch, die auf das ihr uneinholbare jenseitige Leben hinausweist, enthüllt sich damit als Vorstellung, die von der umfassenden Wirklichkeit selbst umschlossen ist.

---

schichtlichen Jesus kennt. Vielmehr enthüllt sich nur die Oberflächlichkeit des anfänglichen Historisierens, sofern die wirkliche Belebung einen so unerhörten Aufwand erfordert. Die Phänomenologie ebnet der späteren Geschichtsauffassung den Weg: Nachdem die *eine* Konkretion erstritten ist, kann auch ihre Vielzahl und ihr Nebeneinander realisiert werden.

31 Die Auffassung der „Phänomenologie" als *einer* „Vorstellung" wird nicht zuletzt erschwert durch ihren abstrakten Charakter und das Wissen um Hegels Willen zum „Begriff". Die in letzterem niedergelegte Belebungs-Absicht darf nicht mit einer Belebungs-*Leistung* verwechselt werden. Vorstellung und Wirklichkeit sind auch im Begriff nur gedanklich geeint, so daß der Begriff trotz seiner wenig sinnlichen Gestalt im Verhältnis zur Wirklichkeit als Vorstellung fungiert. Vgl. Anm. 28.

Der entscheidende Unterschied: War zunächst die wirkliche *Gedankentätigkeit* im Prisma des Ideals erschienen, so erscheint nun nicht mehr nur ein Lebens*sektor*, sondern die *umfassende Wirklichkeit* im Prisma prinzipiell unabschließbarer Gedankentätigkeit (– der „Phänomenologie").

Die von Hegel aufgehobene „Vorstellung in der Vorstellung" kehrt damit in einer neuen Dimension wieder: Alles Theoriegeschehen zeigt sich als *direkt* auf die Wirklichkeitstotalität bezogen, wird *lebensmäßig* „Vorstellung in der Vorstellung". „Theorie" erfolgt als Akt *innerhalb* des allgemeinen Wirklichkeitsgeschehens, wird zu dessen lebendigem Bestandteil. Damit hat die „Phänomenologie" einen doppelten Ertrag, der sich in Hegels weiterem philosophischen Weg, wie auch in der nachfolgenden Geistes- und Wirklichkeitsgeschichte umfassend ausarbeiten wird: Während die am *Geist* gefundene Unerschöpflichkeit der wahren Wirklichkeit als unaufhörliches Produzieren und als immer neue Entgrenzung gefundener Theorien erscheinen wird, nimmt andererseits die Einsicht in die nicht aufzuhebende Partikularität von Theorie gleichfalls *Gestalt* an. Sie wird zum ausdrücklichen Thema, und insofern kehrt die in der „Phänomenologie" gleichsam für einen Moment aufgehobene „Vorstellung in der Vorstellung" *auch innerhalb der Theorie* zurück: Die in der „Phänomenologie" nicht auszumachende Christusgestalt [32] wird wieder deutlichere Umrisse gewinnen. Sie verdichtet sich sowohl in Hegels weiterem Werk [33], wie auch in der Theologie der Folgezeit in dem Maße zur eigenen, bzw. geschichtlich-konkreten „Wirklichkeit", in dem das Bewußtsein von Zusammenhang und Wechselspiel zwischen totaler Wirklichkeit und partikularer Theorie zunimmt.

Das Bewußtsein von der *allgemeinen* Geltung einer dem Wirklichkeitsganzen stets als *Teil* angehörenden Theorie bringt die letztere als das *Bild*, bzw. *das Ideal* dieser Wirklichkeit zum wirklichen Erscheinen, indem es diese *neben* andere „echte" Gestalten stellt und wirklichen Bestandteil des Ganzen sein läßt. Im Ideal und in der Anstrengung um seine Wahrheit wird dann gleichsam „stellvertretend" und prinzipiell für die Wirklichkeitsgeltung und -fähigkeit *aller* Theorie gefochten und diese festgehalten. Die Notwendigkeit solcher beispielhaften Veranschaulichung des Allgemeinen in der Theorie wird umso größer sein, je weniger das unendliche Wirklichkeitsgeschehen selbst seiner Quantität nach noch überschaut werden kann.

2. Die unausdrückliche Einheit der Hegelschen Philosophie im Verhältnis zu ihren Teilen

Das Nebeneinander von mehreren ausgeführten „Philosophien" in Hegels späterem Werk, bzw. ihr unauffälliges, nicht nochmals reflektiertes *Zusammengehen zur Einheit* stellt einen *eigenen*, vermutlich sogar seinen höchsten Inhalt dar.

---

32 Vgl. auch F. Wagner, der von einem anderen Interpretations-Anliegen aus zu ähnlichen Folgerungen kommt (a.a.O., S. 272/273).
33 Daß es sich dabei um eine „Verdichtung" handelt, vermag neben vielen Einzelzügen der betreffenden Darstellungen ein sonst unbeachteter Umstand zu lehren: Jesus hat in der „Philosophie-Geschichte" keinen Platz gefunden, ist in der Reihe der Wirklichkeits-Bildner nicht enthalten.

Durch keinen direkten, also thematischen Zugriff der Reflexion konnte diese Leistung erbracht werden, welche im Zusammenwirken von ausgebildeten *Teil-Theorien* oder auch nur in ihrer einfachen Summierung zustande kommt und vorliegt.

Dieser Inhalt ist darum in keinem einzelnen Bestandteil der Hegelschen Philosophie für sich genommen enthalten, – auch nicht in den verschiedenen Fassungen einer alles umgreifenden „Enzyklopädie", oder gar in der „Logik" als der häufig vermuteten „Summa" dieses Denkens.

Indem sich nämlich die verschiedenen Wirklichkeits- oder Wissensbereiche durchbilden, verdichten sie sich auch zu einander gegenseitig begrenzenden Partikularitäten. Das Durchbilden von Einzelgebieten, bzw. die gedankliche Erschließung von einzelnen, bestimmten Wirklichkeiten jedoch *erzeugt gleichzeitig indirekt* eine Ganzheit: *Indem* die Teile entstehen, wächst gleichsam „unter der Hand" ein *Organismus,* auf den sie allein durch ihre Existenz hinweisen und dem sie sich eingliedern.

An hochentwickelten Reflexionsgebilden, *an* rationalen und völlig durchsichtigen Theorien erscheint somit eine die jeweilige Theorie überschreitende, in ihr nicht befaßte Wirklichkeit. Dabei handelt es sich keineswegs um ein Irrationales, nicht um ein der Theorie etwa überhaupt verschlossenes Feld. Vielmehr wird gerade in der Theorie-Arbeit des Konkretisierens das umfassende und lebendige Wirklichkeitsganze auf dem allein möglichen Veranschaulichungsweg in den Blick gebracht: Leben und Wirklichkeit *begeben sich* und sind um ihres *realen* Erscheinens willen als bloße Themen und Gegenstände des *Denkens* gerade vermieden.

Hegel sucht in den Einzeldurchführungen von Bereichen wie Geschichte, Religion, Natur, Kunst, Recht, Philosophie usf., bzw. im indirekten Erzeugen ihrer lebensmäßigen Einheit die an der „Phänomenologie" zutage getretenen Schranken zu durchbrechen: *Nun* soll das dort „außerhalb" und jenseitig gebliebene wirkliche Leben *doch* eingefangen werden und seinen Niederschlag in den Theorieabläufen finden können. Dem dort beobachteten „Außerhalb" des eigentlichen Lebens wird einerseits zwar Rechnung getragen, indem eben das Ganze unausdrücklich bleibt, also auch „außerhalb" bestimmter gedanklicher Fassungen gehalten wird. Andererseits aber wird es doch zu einer Art von „Innen" gemacht, denn es soll ja „inmitten" der partikularen Theorien erscheinen, *in* dem von der Konkretionsfülle abgedeckten Bereich gegenwärtig sein.

Die Überbietung der „Phänomenologie" besteht darin, daß die an ihr offenkundig gewordene Polarität von wahrer Wirklichkeit auf der einen und ihrer Vorstellung auf der anderen Seite davon befreit wird, einmalige Einsicht, nur Gedanke zu sein. Hegel generalisiert in der Folge den *einen* Fall eines Gegenübers von Theorie und Wirklichkeit, die *eine* Konkretion, die als „Phänomenologie" vorliegt: Genauso wie sie auf das wirkliche Leben gedeutet hat, so deutet nun *jede* durchgeführte Theorie auf die eigentliche Wirklichkeit hin. Damit aber enthüllt sich die Entgegensetzung von Theorie und Wirklichkeit als ein Schein: Nur über die unentwegten Theoriebildungen ist der Wirklichkeit innezuwerden, nur das unendliche Theoriegeschehen selbst bringt das Leben indirekt zum Vorschein.

Das Resultat der „Phänomenologie" vom Zurückbleiben des Gedanklichen hinter dem Lebendigen löste eine förmliche Entfesselung der Theorie aus: Auf dem Umweg ihrer unbegrenzten Einarbeitung in das „Wirkliche", ihrer nicht abzusehenden Bestimmbarkeiten, scheint eine Darstellung des wahren Lebens verheißen zu sein.

Hegel tat nur einen ersten Schritt in Richtung auf die Totalität des Theorie- bzw. Wirklichkeitsgeschehens, wenn er „Konkretionen" von Teilbereichen vornahm. Aber es gab auf dieser Straße der Durchführungen kein Anhalten mehr: Ebenso wie es ein Fortgetriebenwerden von der Religionsschrift zu den Jugendschriften und von ihnen zur „Phänomenologie" und zu den „Philosophien" gegeben hatte, so waren auch sie nur Durchgang: Die ursprüngliche Dynamik des Verhältnisses von Vorstellung und Wirklichkeit, wie Kant es gesehen hatte, der Umstand, daß Vorstellungen zu Wirklichkeiten werden müssen, nur um sich an diesem „Ziel" selbst wieder als „bloße" Vorstellungen zu erweisen, machen die Hegelsche Philosophie zu einem Zwischenglied, zu einer Gestalt des Übergangs, die gerade nicht wegen ihrer vermeintlichen „Geschlossenheit" fasziniert, sondern wegen der an ihr offenliegenden Unendlichkeit des Konkretisierens. Hegels verschiedene Philosophien erweisen sich gerade in ihrer Vielzahl als partikulare Vorstellungen, die folglich schon in ihrem Ansatz über sich hinausdrängten.

Und sofern ihr vorstellungsmäßiger Charakter kenntlich bleibt, wird auch in den späten „Durchführungen" ein wirklicher Jesus nicht auszumachen sein. Dieser bleibt einer Theologie aufbehalten, welche tatsächlich Denken und Wirklichkeit *einen* kann, also einer Zeit angehören muß, in der die wirklichen Verhältnisse den *Gedanken* der Wirklichkeit aufgesogen haben.

IV. Die Theologie als integrierender Bestandteil des allgemeinen Wirklichkeitsgeschehens

Das Wirklichkeitsganze in seiner lebendigen Unendlichkeit hatte sich naturgemäß auch dem behutsamen Versuch Hegels entzogen und war auch jenseits der indirekten Veranschaulichung geblieben. Aber mit der *Reihung* von Theorien und deren jeweiligem Eingebettetsein in eine Lebens-Einheit war das Allgemeinwerden der Einsicht eingeleitet, daß sich das Ganze nur herstellt über die unbegrenzte Herbeiführung von Partikularitäten. Die einzelne Konkretion als das Aufgehen von Gedachtem in „Wirklichem" war dem Prinzip nach in den Mittelpunkt des Interesses gerückt, weil sie allein der Weg zum Ganzen, der Weg zum Leben also, war. Insofern liegt die Abkehr von der „Spekulation", wie sie bald nach Hegels Tod einsetzte und in mancherlei Spielarten bis zur Gegenwart reicht, vollkommen im recht verstandenen Duktus Hegelscher Philosophie selbst: Diese Abkehr ist nichts anderes als der Verzicht auf die *direkte*, auf die bloß gedankliche Fassung des Ganzen oder auch das lebensmäßige Sichschicken in die Einsicht von der Partikularität einer *jeden* Theorie. Hegel, der vorgebliche Vollender eines Systems des Wissens und der umstrittene Denker eines scheinbar zukunftslosen, geschlossenen Ganzen, hat also einen Zustand im Umgang mit Wirklichkeit befördert und mitheraufgeführt, der sein ausgezeichnetes Merkmal daran besitzt, daß die Frage nach dem Ganzen im Grunde vollständig in die Unausdrücklichkeit geraten ist, indem das Ganze *zum Leben* gebracht wird als das entfesselte Theorie- bzw. Wirklichkeitsgeschehen überhaupt[1].

So war das sich scheinbar zukunftslos „schließende", somit zum Absterben verurteilte System Hegels in Wahrheit das Herbeiführen einer anderen Zeit, die Erarbeitung von „Zukunft". Der Eindruck des Sichschließens rührt am Ende nur daher, daß sich diese Philosophie zu ihrem Theoriesein, zu ihrer eigenen Partikularität bekannte, also die in ihr heraufgeführte Einsicht zur Anwendung auf sie selbst freigab[2]. In der Abkehr von der Spekulation hat sich dann nichts anderes vollzogen als die unendliche Vervielfältigung dieses Bekenntnisses zur Partikularität. Fortan wird es keine Theorie irgendwelcher Art mehr geben, die nicht *lebensmäßiges Einbezogensein* in das unausdrückliche Lebensganze wäre,

---

[1] Zur Illustration für die neuzeitliche, hier zu bezeichnende Welthaltung genüge der Hinweis auf die Versunkenheit naturwissenschaftlichen oder historischen Forschens, das ausschließlich der Partikularität gewidmet sein muß und das Ganze dem Kosmos des Forschens überläßt.

[2] Das vielberätselte Ende der Hegelschen „Religionsphilosophie" muß wohl als das Bekenntnis zur Partikularität von Philosophie aufgefaßt werden. Nur dort wird man die Stelle als Ausdruck von Resignation verstehen, wo Hegels Auffassung von der Zugänglichkeit des Lebens in der Theorie verkannt wird.

also auch keine Theorie des Ganzen mehr, welche die Bedingungen des Partikularseins abstreifen könnte, die nicht *eine* Lebensgestalt neben anderen wäre und sich anders als induktiv auf die Gesamtheit des Wirklichen richten dürfte. Umgekehrt jedoch eignet *jeder* Partikularität ein Zugang zum Ganzen, *weil sie eben Teil, Träger von Leben ist*. Und darum wird jede versuchte Theorie des Ganzen ihren Allgemeinheitsanspruch auf das *in ihr* offenstehende Leben gründen und das partikulare Leben als *wirkliches Leben* behaupten.

Es ergibt sich also ein Zustand, in dem Leben oder das Wirklichkeitsganze ausschließlich über die Partikularitäten zugänglich wird. Denn in ihnen überführen sich die Gedanken und „Theorien" in Wirklichkeiten, in ihnen gehen sie gleichsam unter und werden „vergessen". Es entsteht eine Fülle von *Vorstellungen*, die für wahr und wirklich genommen werden, Bilder, in denen Leben *ist*, weil sie Bestandteil des Ganzen sind, an diesem gerade in ihrer Partikularität *teilnehmen*.

Auf die Anstrengung der Hegelschen Philosophie folgt geschichtlich gewissermaßen die „Anstrengung der Wirklichkeit selbst", die unendliche Welt beginnt sich zu gestalten und zu differenzieren. Und sie hat in sich, immanent, als eine Partikularität zwischen vielen *auch die Theologie*[3]. Diese kann auf keine besondere Vollmacht verweisen, hat „Leben" allein *als* partikulare Gestalt, vermag es nur als Ingrediens geltend zu machen, sofern sie es selbst *ist*.

Der Sache nach kommt es zu einer Theologie, weil das im Partikularen offenstehende Lebensganze wie zahllose andere Themen unwiderstehlich zur besonderen, „partikularen" Frage wird. Aber nicht das Lebensganze ist im Grunde der Angelpunkt, sondern vor allem entsteht Theologie im allgemeinen Wirklichkeitsgeschehen als Aufmerksamsein auf den Umstand und Sachverhalt, *daß* alles Partikulare über sich hinausweist, nicht auf etwas klar Bestimmtes – im Gegenteil, nur darauf, daß es Leben ist, seiner fortwährenden Aufhebung entgegenstrebt, Übergehen in anderes sein will, also in der bestimmten Partikularität nicht festgehalten werden kann. Nach üblichem Verständnis meldet sich hier scheinbar gar kein Gegenstand der „wirklichen" Welt, gar kein materialisierbares Thema zu Wort, vielmehr ist es das Geschehen des Partikularisierens selbst, das Weiterschreiten von Theorie zu ihrer „Realisierung", die *Bewegung* dieses Übergehens von Theorie zu Leben, die hier thematisch wird. Aber dies Übergehen ist ja überall und allgemein und gehört sehr wohl den wirklichen Verhältnissen an ist also durchaus selbst eine differenzierbare Partikularität mit der Tendenz zur Aufhebung. Insofern strebt Theologie auch ihrer Selbstentgrenzung zu, verändert sie ihr Theoriesein immerwährend in Richtung auf „Wirklichkeiten". Es ist dies ihr Dasein als Partikel neben anderen, das sie mit allen Wirklichkeitsgestalten gemein hat und also *auch* mitreflektiert, wenn sie den allgemeinen Wechsel, das Gefälle von Theorie zu Wirklichkeit thematisiert. Theologie bringt demnach auch *sich*

---

[3] Daß Schleiermacher als eine Art Kirchenvater der Neuzeit gilt, hat wohl seinen tiefen Grund darin, daß er die Theologie unter den Bedingungen der genannten Partikularität definiert hat. (Vgl. oben S. 23, Anm. 49).

als Leben vor sich, streitet gewissermaßen um das „Leben ihrer Partikularität". Und sie tut dies, indem sie bloße Gedanken in Leben überführt, indem sie das bloße Ideal wirklich belebt und somit das Leben „zur Vorstellung bringt".

Jesus ist beides: Vorstellung des Lebens, Bild des Ganzen *und* auch Teil der Wirklichkeit. Beides ineinander versinnlicht die Theologie mit der Vorstellung des *geschichtlichen* Jesus: Das Bild schließt das Wesen des Lebens vollständig in sich, *und* es bleibt doch nur eine Art von „Theorie", die ihren Verwirklichungen immer erst noch entgegengeht.

Manches spricht dafür, daß die theologische Christologie nicht so sehr ihrer besonderen, einmaligen „Inhalte" wegen präsent gehalten wird, sondern weil sie veranschaulicht, was sich an aller Theorie, an aller Partikularität begibt: ihre Aufhebung. An der Aufhebung vermag nämlich vor allem *Bewegung* zu erscheinen, und Bewegung als das Realisierungsgeschehen von „Theorie" stellt das Leben selbst vor. In ihr erfährt es sich.

Und die Bezugnahme der Theologie auf alles Wirklichkeitsgeschehen kann kein anderes Ziel haben als das der Vermittlung von Lebens-Erfahrung.

Literaturverzeichnis

A

Bauer, B.: Christus und die Caesaren. Der Ursprung des Christenthums aus dem römischen Griechenthum, Berlin 1877.
Feuerbach, L.: Das Wesen des Christenthums, Leipzig 1841.
Fichte, J. G.: Ausgewählte Werke in sechs Bänden, hg. von F. Medicus, Leipzig 1912.
Gibbon, E.: The History of the decline and fall of the Roman Empire, 4 Bde., 1776–88.
Hegel, G. W. F.: Sämtliche Werke, Jubiläumsausgabe, Stuttgart 1927ff.
Hegel, G. W. F.: Vorlesungen über die Philosophie der Religion, 2 Bde., hg. von G. Lasson, Hamburg 1925/29, Nachdruck 1966 (PhB 59/61).
Hegel, G. W. F.: Theologische Jugendschriften, hg. von H. Nohl, Tübingen 1907.
Hegel, G. W. F.: Briefe von und an Hegel, vier Bände, hg. von J. Hoffmeister, Hamburg 1952.
Hegel, G. W. F.: Jenenser Realphilosophie I, hg. von J. Hoffmeister, Leipzig 1932 (PhB 66b).
Hegel, G. W. F.: Jenaer Realphilosophie, hg. von J. Hoffmeister, Hamburg 1967 (Nachdruck der „Jenenser Realphilosophie II" von 1931) (PhB 67).
Hegel, G. W. F.: Dokumente zu Hegels Entwicklung, hg. von J. Hoffmeister, Stuttgart 1936.
Hegel, G. W. F.: Die Vernunft in der Geschichte, hg. von J. Hoffmeister, Hamburg 1963 (PhB 171a).
Herder, J. G.: Briefe, das Studium der Theologie betreffend, 1785².
Herder, J. G.: Ideen zur Philosophie der Geschichte der Menschheit, 1784–91.
Herder, J. G.: Vom Geiste des Christenthums, 1798.
Kant, I.: Kritik der reinen Vernunft (1781), Hamburg 1956 (PhB 37a).
Kant, I.: Prolegomena (1783), Hamburg 1957 (PhB 40).
Kant, I.: Kritik der praktischen Vernunft (1787), Hamburg 1959 (PhB 37a).
Kant, I.: Kritik der Urteilskraft (1790), Hamburg 1959 (PhB 39a).
Kant, I.: Die Religion innerhalb der Grenzen der bloßen Vernunft (1793), Hamburg 1956 (PhB 45).
Kant, I.: Kleinere Schriften zur Geschichtsphilosophie, Ethik und Politik, hg. von K. Vorländer, Hamburg 1959 (PhB 47^I).
Kant, I.: Der Streit der Fakultäten (1798), hg. v. K. Rossmann, Heidelberg 1947.
Kant, I.: Vorlesungen über die philosophische Religionslehre, Leipzig 1817.
Immanuel Kant. Sein Leben in Darstellungen von Zeitgenossen. Die Biographien von L. E. Borowski, R. B. Jachmann und A. Ch. Wasianski, Darmstadt 1968 (Nachdruck der von F. Groß herausgegebenen Ausgabe Berlin 1912).
Kierkegaard, S.: Entweder/Oder, 1843. Übersetzt von E. Hirsch, Düsseldorf 1957.
Lessing, G. E.: Über den Beweis des Geistes und der Kraft, 1777.
Lessing, G. E.: Die Erziehung des Menschengeschlechts, 1780.
Lessing, G. E.: Theologische Streitschriften, 1778.
Lessing, G. E.: Das Christentum der Vernunft (erstveröffentlicht 1784 im „Theol. Nachlaß"), in: Sämtliche Schriften, Bd. 14, besorgt durch Fr. Muncker, (Leizpg 1898), S. 175–178.
Mendelssohn, Moses: Jerusalem, oder über religiöse Macht und Judentum, Berlin 1783.
Reimarus, H. S.: Die vornehmsten Wahrheiten der natürlichen Religion, 1755².
Reinhardt, F. V.: Versuch über den Plan, den der Stifter der christlichen Religion zum Besten der Menschen entwarf, Wittenberg 1784².
Rousseau, J. J.: Emile oder über die Erziehung (1762), Stuttgart 1963 (Reclam).
Rousseau, J. J.: Der Gesellschaftsvertrag (1762), Stuttgart 1963.

Schelling, F. W. J.: Vorlesungen über die Methode des akademischen Studiums (1802), in: Die Idee der deutschen Universität, Darmstadt 1959.
Schelling: Fichte – Schelling – Briefwechsel, Einleitung von W. Schulz, Frankfurt 1968.
Schelling, F. W. J.: Werke, hg. von M. Schröter, 1927ff, bes.: Über Mythen, historische Sagen und Philosopheme der ältesten Welt (1793), Bd. 1, S. 1ff
  Philosophische Briefe über Dogmatismus und Kritizismus (1795), Bd. 1, S. 205ff.
  Ob eine Philosophie der Erfahrung möglich sei (1798), Bd. 1, 385ff.
  System des transzendentalen Idealismus, Bd. 2, S. 327ff
  Philosophie und Religion (1804), Bd. 4, S. 1ff.
Schiller, F.: Werke in 16 Bänden, Stuttgart u. Berlin 1905, bes.: Über Anmut und Würde (1793), Bd. 11, S. 180ff
  Was heißt und zu welchem Zweck studiert man Universalgeschichte, Bd. 13, S. 3ff.
  Über die ästhetische Erziehung des Menschen in einer Reihe von Briefen (1793/94), Bd. 12, S. 3ff.
Schleiermacher, F.: Über die Religion (1799), Hamburg 1958 (PhB 255).
Schleiermacher, F.: Monologen (1800), mit Einl. von M. Schiele, Leipzig 1902 (PhB 84).
Schleiermacher, F.: Die Weihnachtsfeier (1806), bearbeitet von M. Rade (Deutsche Bibliothek in Berlin, o. J.)
Schleiermacher, F.: Kurze Darstellung des theologischen Studiums (1811), hg. von H. Scholz, Leipzig 1910.
Schleiermacher, F.: Grundriß der philosophischen Ethik, hg. von A. Twesten 1841, neuer Abdruck besorgt von F. M. Schiele, Leipzig 1911.
Schleiermacher, F.: Der christliche Glaube (1830²) 2 Bände, hg. von M. Redeker, Berlin 1960.
Strauß, D. F.: Das Leben Jesu, 1835.
Strauß, D. F.: Die christliche Glaubenslehre, 1840.
Strauß, D. F.: Streitschriften zur Verteidigung meiner Schrift über das Leben Jesu und zur Charakteristik der gegenwärtigen Theologie, Neue Ausgabe in einem Band, Tübingen 1841
Spalding, J.: Gedanken über den Wert der Gefühle in dem Christenthum, dritte Auflage mit neuen Vermehrungen, Leipzig 1769.

B

Barth, K.: Die protestantische Theologie im 19. Jahrhundert. Ihre Vorgeschichte und ihre Geschichte, Zürich 1947.
Baur, J.: Salus christiana I, Gütersloh 1968.
Bertaux, P.: Hölderlin und die Französische Revolution, Frankfurt 1969 (es 344).
Birkner, H.-J.: Spekulation und Heilsgeschichte. Die Geschichtsauffassung Richard Rothes, München 1959.
Bloch, E.: Subjekt – Objekt. Erläuterungen zu Hegel, Frankfurt 1962.
Bloch, E.: Über Methode und System bei Hegel, Frankfurt 1970 (es 413).
Blumenberg, H.: Die Legitimität der Neuzeit, Frankfurt 1966.
Bohatec, J.: Die Religionsphilosophie Kants in der „Religion innerhalb der Grenzen der bloßen Vernunft", Hamburg 1938.
Cornehl, P.: Die Zukunft der Versöhnung, Göttingen 1971.
Delekat, F.: Immanuel Kant, Heidelberg 1966².
Dembowski, H.: Grundfragen der Christologie, München 1969.
Dilthey, W.: Die Jugendgeschichte Hegels, Ges. Schriften, Bd. IV, Göttingen 1974⁵.
Dilthey, W.: Der Streit Kants mit der Zensur über das Recht freier Religionsforschung, a.a.O., S. 285ff.
Drews, A.: Die Christusmythe, Jena 1910.
Fester, R.: Rousseau und die deutsche Geschichtsphilosophie, Stuttgart 1890.
Fischer, K.: Hegels Leben, Werke und Lehre. Geschichte der neuern Philosophie, Bd. 8, Heidelberg 1901.

Fulda, H. F.: Zur Logik der Phänomenologie von 1807, in: Hegel-Studien, Beiheft 3, Bonn 1966, S. 75ff.
Gadamer, H.-G.: Hegel und der geschichtliche Geist, in: Zeitschr. f. d. gesamte Staatswissenschaft, Bd. 100, 1940, S. 25ff.
Garaudy, R.: Gott ist tot, Berlin 1965.
Gerdes, H.: Das Christusbild Sören Kierkegaards, Düsseldorf 1960.
Glockner, H.: Hegel, 2 Bde., Stuttgart 1929/40.
Habermas, J.: Nachwort zu G. W. F. Hegel: Politische Schriften, Frankfurt 1966, S. 343ff.
Habermas, J./Henrich D.: Zwei Reden. Aus Anlaß des Hegel-Preises, Frankfurt 1974 (Habermas: Können komplexe Gesellschaften eine vernünftige Identität ausbilden?)
Haering, Th.: Hegel, 2 Bde. (1929), Aalen 1963².
Hartmann, N.: Die Philosophie des deutschen Idealismus, 1960².
Haym, R.: Die romantische Schule, Berlin 1870.
Haym, R.: Hegel und seine Zeit, Berlin 1857.
Henrich, D.: Hegel im Kontext, Frankfurt 1971 (es 510).
Heumann, G.: Das Verhältnis des Ewigen und des Historischen in der Religionsphilosophie Kants und Lotzes, Erlangen 1898.
Hirsch, E.: Christentum und Geschichte in Fichtes Philosophie, Tübingen 1920.
Hirsch, E.: Die idealistische Philosophie und das Christentum, Gütersloh 1926.
Hirsch, E.: Besprechung von: Schmidt-Japing, J. W.: Die Bedeutung der Person Jesu im Denken des jungen Hegel, in: ThLZ 1924, Sp. 183ff.
Hirsch, E.: Jesus Christus der Herr, 1929².
Hirsch, E.: Fichtes, Schleiermachers und Hegels Verhältnis zur Reformation, Göttingen 1930.
Hirsch, E.: Luthers Rechtfertigungslehre bei Kant (1922), in: Lutherstudien II, Gütersloh 1954, S. 104ff.
Hirsch, E.: Geschichte der neuern evangelischen Theologie, 5 Bde., Gütersloh 1949ff.
Hirsch, E.: Hauptfragen christlicher Religionsphilosophie, Berlin 1963, bes. S. 310ff.
Hoffmeister, J.: Zum Geistbegriff des deutschen Idealismus bei Hölderlin und Hegel, in: Deutsche Vierteljahresschrift für Lit.-wiss. u. Geistesgeschichte, 10. Jg., 1932, S. 1ff.
D'Hondt, J.: Verborgene Quellen des Hegelschen Denkens, Berlin 1972.
D'Hondt, J.: Hegel in seiner Zeit, Berlin 1973.
Kalthoff, A.: Die Entstehung des Christentums, Leipzig 1904.
Kern, W.: Neue Hegelbücher. Ein Literaturbericht für die Jahre 1958–60, in: Scholastik, 37. Jg., Heft IV, 1962, S. 550ff.
Kimmerle, H.: Zur theologischen Hegelinterpretation, in: Hegel-Studien, Bd. 3, Bonn 1965, S. 356ff.
Koch, T.: Differenz und Versöhnung, Gütersloh 1967.
Kojève, A.: Hegel. Eine Vergegenwärtigung seines Denkens, Stuttgart 1958.
Kroner, R.: Von Kant bis Hegel, 2 Bde., Tübingen 1921/24.
Krüger, H.-J.: Theologie und Aufklärung. Untersuchungen zu ihrer Vermittlung beim jungen Hegel, Stuttgart 1966.
Krüger, G.: Die Aufgabe der Hegel-Forschung, in: ThRN.F. Bd. 7, 1935, S. 86ff u. 294ff.
Küng, H.: Menschwerdung Gottes, Freiburg 1970.
Landgrebe, L.: Phänomenologie und Geschichte, Darmstadt 1968.
Lasson, G.: Hegel als Geschichtsphilosoph, Leipzig 1920.
Löwith, K.: Von Hegel zu Nietzsche, Stuttgart 1952².
Löwith, K.: Hegels Aufhebung der christlichen Religion, in: Hegel-Studien, Beiheft 1, Bonn 1964, S. 193ff.
Lukács, G.: Der junge Hegel, Neuwied/Berlin 1967³, (1948).
Marquard, O.: Skeptische Methode im Blick auf Kant, Freiburg 1958.
Marquard, O.: Hegel und das Sollen, in: Philos. Jb. 72, 1964/65, S. 103ff.
Medicus, F.: Kants Philosophie der Geschichte, Berlin 1902.
Meulen, J. v. d.: Hegel. Die gebrochene Mitte, Hamburg 1958.
Moltmann, J.: Der gekreuzigte Gott, München 1972.

Noack, H.: Zur Problematik einer philosophischen und theologischen Hegel-Interpretation und -Kritik, in: NZSTh 1965, S. 161ff.
Noack, H.: Einleitung zur „R.i.d.G." Kants, Hamburg 1961 (PhB 45), S. XIff.
Pannenberg, W.: Bespr. von G. Rohrmoser: Subjektivität und Verdinglichung, in: ThLZ 1963, S. 294ff.
Pannenberg, W.: Grundzüge der Christologie, Gütersloh 1966².
Pannenberg, W.: Grundfragen systematischer Theologie, Göttingen 1967.
Pannenberg, W.: Theologie und Reich Gottes, Gütersloh 1971.
Pannenberg, W.: Gottesgedanke und menschliche Freiheit, Göttingen 1972.
Paulus, R.: Das Christusproblem der Gegenwart. Untersuchungen über das Verhältnis von Idee und Geschichte, Tübingen 1922.
Pfleiderer, O.: Geschichte der Religionsphilosophie, Berlin 1893³.
Pöggeler, O.: Hegels Idee einer Phänomenologie des Geistes, Freiburg/München 1973.
Reisinger, P.: Die logischen Voraussetzungen des Begriffs der Freiheit bei Kant und Hegel, phil. Diss. Frankfurt 1967.
Rendtorff, T.: Überlieferungsgeschichte als Problem der systematischen Theologie, in: ThLZ 1965, Sp. 83ff.
Rendtorff, T.: Kirchlicher und freier Protestantismus in der Sicht Schleiermachers, in: NZSTh 1968, S. 18ff.
Rendtorff, T.: Kirche und Theologie, Gütersloh 1966.
Rendtorff, T.: Theologie in der Welt des Christentums, in: Die Funktion der Theologie in Kirche und Gesellschaft, hg. von P. Neuenzeit, München 1969, S. 358ff.
Rendtorff, T.: Christentum zwischen Revolution und Restauration, München 1970.
Rendtorff, T.: Theorie des Christentums, Gütersloh 1973.
Riedel, M.: Studien zu Hegels Rechtsphilosophie, Frankfurt 1969 (es 355).
Ritter, J.: Hegel und die französische Revolution, Frankfurt 1965 (es 114).
Rössler, D.: Positionelle und kritische Theologie, in: ZThK 67, 1970, S. 215ff.
Rohrmoser, G.: Subjektivität und Verdinglichung. Theologie und Gesellschaft im Denken des jungen Hegel, Gütersloh 1961.
Rohrmoser, G.: Die theologische Bedeutung von Hegels Auseinandersetzung mit der Philosophie Kants und dem Prinzip der Subjektivität, in: NZSTh 4, 1962, S. 89ff.
Rosenkranz, K.: Georg Wilhelm Friedrich Hegels Leben, Berlin 1844.
Rosenzweig, F.: Hegel und der Staat, München/Berlin 1920.
Schmidt-Japing, J. W.: Die Bedeutung der Person Jesu im Denken des jungen Hegel, Göttingen 1924.
Schüler, G.: Zur Chronologie von Hegels Jugendschriften, in: Hegel-Studien, Bd. 2, Bonn 1963, S. 111ff.
Schütte, H. W.: Tod Gottes und Fülle der Zeit. Hegels Deutung des Christentums, in: ZThK 1969, S. 62ff.
Schütte, H. W.: Subjektivität und System, zum Briefwechsel E. Hirsch und P. Tillich, in: Emanuel Hirsch – Paul Tillich – Briefwechsel 1917–1918, Berlin 1973, S. 38ff.
Schütte, H.W.: Religionskritik und Religionsbegründung, in: N. Schiffers, H. W. Schütte: Zur Theorie der Religion, Freiburg 1973.
Schütte, H. W.: Selbstbewußtsein und religiöse Identität, in: Religion: Selbstbewußtsein-Identität, München 1974, S. 17ff (Theol. Exist. 182).
Schultz, U.: Immanuel Kant, Hamburg 1965 (rm 101).
Schweitzer, A.: Die Religionsphilosophie Kants, Freiburg 1899.
Schweitzer, A.: Geschichte der Leben-Jesu-Forschung, 1951⁶.
Slenczka, R.: Geschichtlichkeit und Personsein Jesu Christi, Göttingen 1967.
Sydow, E. v.: Der Gedanke des Ideal-Reichs in der idealistischen Philosophie von Kant bis Hegel, Leipzig 1914.
Theunissen, M.: Hegels Lehre vom absoluten Geist als theologisch-politischer Traktat, Berlin 1970.

Trillhaas, W.: Felix culpa. Zur Deutung der Geschichte vom Sündenfall bei Hegel, in: Probleme biblischer Theologie. Festschrift für G. v. Rad, München 1971.

Trillhaas, W.: Religionsphilosophie, Berlin 1972.

Troeltsch, E.: Das Historische in Kants Religionsphilosophie, Berlin 1904.

Wagner, F.: Der Gedanke der Persönlichkeit Gottes bei Fichte und Hegel, Gütersloh 1971.

Wagner, F.: Besprechung von H. Küng: Menschwerdung Gottes, in: Hegel-Studien, Bd. 7, Bonn 1972, S. 335ff.

Wagner, F.: Systematisch-theologische Erwägungen zur neuen Frage nach dem historischen Jesus, in: KuD 1973, S. 287ff.

Wiedmann, F.: Hegel, Hamburg 1965 (rm 110).

Windelband, W.: Lehrbuch der Geschichte der Philosophie, Hg. von H. Heimsoeth, Tübingen 1957[15].

Wittram, R.: Das Interesse an der Geschichte, Göttingen 1963[2].

Wittram, R.: Zukunft in der Geschichte, Zu Grenzfragen der Geschichtswissenschaft und Theologie, Göttingen 1966.

Studien zur Theologie und Geistesgeschichte des 19. Jahrhunderts

1 Erich Schneider
Die Theologie und Feuerbachs Religionskritik

Die Reaktion der Theologie des 19. Jahrhunderts auf Ludwig Feuerbachs Religionskritik. Mit Ausblicken auf das 20. Jahrhundert und einem Anhang über Feuerbach.
277 Seiten, Leinen

„Der Verfasser gibt eine ausführliche Darstellung der theologischen Stellungnahmen zu Feuerbachs Religionstheorie und entwickelt dabei eine Konzeption dieser Theorie, die ihre Wirksamkeit für die moderne Wissenschaft – z.B. über Freud und Marx – unter Beweis stellt."
Neuer Bücherdienst

5 Jörg F. Sandberger
David Friedrich Strauß als theologischer Hegelianer

247 Seiten, Leinen

„Die Untersuchung, die methodologisch die Gedankenwelt von Strauß mit der Hegels und anderer theologischer Hegelianer konfrontiert, läßt erkennen, wie Strauß bereits schwache Stellen im System Hegels empfand bzw. erkannte."
Wissenschaftlicher Literaturanzeiger

6 Erwin Quapp
Christus im Leben Schleiermachers

Vom Herrnhuter zum Spinozisten.
439 Seiten, Leinen

„Der Autor vertritt die Ansicht, daß für Schleiermacher die Christologie das Hauptthema war, so daß die „wechselnden Philosophien, die ebenso wechselnden geistigen Wahlverwandtschaften als Nebenthemen anzusehen" sind"."
Deutsches Pfarrerblatt

21 Winfried Heizmann
Kants Kritik spekulativer Theologie und der Begriff moralischen Vernunftglaubens im katholischen Denken der späten Aufklärung

Ein religionsphilosophischer Vergleich
183 Seiten, kart.

Vandenhoeck & Ruprecht · Göttingen und Zürich

Hermann Brandt · Gotteserkenntnis und Weltentfremdung
Der Weg der spekulativen Theologie Hans Lassen Martensens
(Forschungen zur system. und ökumen. Theol., 25)
269 Seiten, kart.

„Brandts ausgezeichnete Arbeit füllt eine Lücke; abgesehen von ihren theologischen und geistesgeschichtlichen Qualitäten stellt sie einen Beitrag zur Psychologie des protestantischen Kirchenobern dar. In Kürze zeigt Brandt Martensens Lebensgang wie auch seine Verfasserschaft auf." *Kirchenblatt f. d. reform. Schweiz*

Hermann Fischer · Die Christologie des Paradoxes
Zur Herkunft und Bedeutung des Christusverständnisses S. Kierkegaards
134 Seiten, kartoniert

„Diese nach Form und Inhalt vorzügliche Studie ist ein Musterbeispiel dafür, wie die Klärung eines theologiegeschichtlichen Problems, also der Herkunft und Bedeutung des Christusverständnisses Kierkegaards, in der aktuellen theologischen Diskussion weiterhelfen kann." Lutherische Rundschau

Peter Cornehl · Die Zukunft der Versöhnung
Eschatologie und Emanzipation in der Aufklärung bei Hegel und in der Hegelschen Schule
387 Seiten, kartoniert

„Cornehl zeigt, wie die Eschatologie wieder zum Thema der Theologie wurde, wie die Orthodoxie, die Aufklärung, Kant und Hegel Versöhnung und Eschatologie verhandeln. Er zeigt die Entwicklung der Hegelianer in all ihren Parteiungen bis zu den Neuhegelianern (Marx, Engels). Die Darstellung ist gründlich und ausführlich." Homiletische Monatshefte

Johann-Christoph Emmelius
Tendenzkritik und Formengeschichte
Der Beitrag Franz Overbecks zur Auslegung der Apostelgeschichte im 19. Jahrhundert. (Forschungen zur Kirchen- und Dogmengeschichte, 27)
321 Seiten, kartoniert

Die Begriffe „Tendenzkritik" und „Formengeschichte" charakterisieren die Fragestellung, die Overbecks Auslegung der Apg. leitet. Zunächst analysiert Overbeck die kompositorische Konstruktion der Apg.; sodann arbeitet er unter der Leitfrage nach den Anfängen der Kirchengeschichtsschreibung an dem Problem der Einordnung der Apg. in die Geschichte der altchristlichen Literatur.

Vandenhoeck & Ruprecht · Göttingen und Zürich